The Call of The Wild

(Spanish Edition)

Jack London

PAGES PLANET PUBLISHING

Publicado por

PUBLICACIONES DE PAGES PLANET

Correo electrónico: pagesplanetpublishing@gmail.com

Para obtener más información o realizar consultas, póngase en contacto con el editor en el correo electrónico anterior.

Publicado por primera vez por Pages Planet Publishing en 2024

CONTENTS

Capítulo I.Hacia lo primitivo

"Viejos anhelos salto nómada,Rozando la cadena de la costumbre; De nuevo de su sueño brumal despierta la tensión ferina.

Buck no leía los periódicos, pues de lo contrario habría sabido que se avecinaban problemas, no solo para él, sino para todos los perros de las mareas, fuertes de músculos y con pelo largo y cálido, desde Puget Sound hasta San Diego. Debido a que los hombres, a tientas en la oscuridad del Ártico, habían encontrado un metal amarillo, y debido a que las compañías de barcos de vapor y transporte estaban en auge con el hallazgo, miles de hombres se apresuraron a entrar en las tierras del norte. Estos hombres querían perros, y los perros que querían eran perros pesados, con músculos fuertes para trabajar, y abrigos peludos para protegerlos de las heladas.

Buck vivía en una casa grande en el soleado valle de Santa Clara. Se llamaba el lugar del juez Miller. Se apartó de la carretera, medio oculto entre los árboles, a través del cual se podía vislumbrar la amplia y fresca galería que rodeaba sus cuatro lados. A la casa se llegaba por caminos de grava que serpenteaban a través de extensos prados y bajo .las ramas entrelazadas de altos álamos. En la parte trasera, las cosas estaban cn una escala aún más espaciosa que en la parte delantera. Había grandes establos, donde una docena de mozos de cuadra y muchachos se presentaban, hileras de cabañas de sirvientes cubiertas de enredaderas, un conjunto interminable y ordenado de letrinas, largos parrales, pastos verdes, huertos y huertos de bayas. Luego estaba la planta de bombeo del pozo artesiano y el gran tanque de cemento donde los muchachos del juez Miller se daban un chapuzón matutino y se mantenían frescos en la calurosa tardc.a

Y sobre este gran dominio gobernaba Buck. Aquí había nacido, y aquí había vivido los cuatro años de su vida. Era cierto, había otros perros. No podía dejar de haber otros perros en un lugar tan vasto, pero no contaban. Iban y venían, residían en las populosas perreras, o vivían oscuramente en los recovecos de la casa a la manera de Toots, el pug japonés, o Ysabel, la mexicana sin pelo, criaturas extrañas que rara vez asomaban la nariz por la puerta o ponían el pie en el suelo. Por otro lado, estaban los fox terriers, al menos una veintena, que gritaban promesas temerosas a Toots e Ysabel mirándolos por las ventanas y protegidos por una legión de criadas armadas con escobas y fregonas.

Pero Buck no era ni un perro de casa ni un perro de perrera. Todo el reino era suyo. Se sumergía en la balsa o se iba a cazar con los hijos del Juez; acompañaba a Mollie y a Alicia, las hijas del juez, en largas caminatas crepusculares o matutinas; en las noches invernales se echaba a los pies del juez ante el fuego rugiente de la biblioteca; cargaba a los nietos del juez en su espalda, o los revolcaba en la hierba, y guardaba sus pasos a través de aventuras salvajes hasta la fuente en el patio del establo, e incluso más allá, donde estaban los potreros y los huertos de bayas. Entre los terriers acechaba imperiosamente, y a Toots e Ysabel los ignoraba por completo, porque era el rey, el rey de todas las cosas que se arrastraban, se arrastraban y volaban en el lugar del juez Miller, incluidos los humanos.

Su padre, Elmo, un enorme San Bernardo, había sido el compañero inseparable del juez, y Buck estaba dispuesto a seguir el camino de su padre. No era tan grande, pesaba sólo ciento cuarenta libras, porque su madre, Shep, había sido una perra pastora escocesa. Sin embargo, ciento cuarenta libras, a las que se añadía la dignidad que viene del buen vivir y el respeto universal, le permitían comportarse de la manera real y correcta. Durante los cuatro años transcurridos desde su cachorro había vivido la vida de un aristócrata saciado; Se enorgullecía de sí mismo, era hasta un poco egoísta, como a veces se vuelven los caballeros del campo debido a su situación insular. Pero se había salvado a sí mismo al no convertirse en un simple perro doméstico mimado. La caza y los placeres al aire libre habían retenido la grasa y endurecido sus músculos; Y para él, como para las carreras de bañeras frías, el amor al agua había sido un tónico y un preservador de la salud.

Y esta era la manera de ser el perro Buck en el otoño de 1897, cuando la huelga de Klondike arrastró a hombres de todo el mundo al helado Norte. Pero Buck no leía los periódicos, y no sabía que Manuel, uno de los ayudantes del jardinero, era un conocido indeseable. Manuel tenía un pecado que lo acosaba. Le encantaba jugar a la lotería china. Además, en su juego, tenía una debilidad que lo acosaba: la fe en un sistema; Y esto aseguraba su condenación. Porque para jugar con un sistema se requiere dinero, mientras que el salario de un ayudante de jardinero no alcanza para cubrir las necesidades de una esposa y una numerosa progenie.

El juez estaba en una reunión de la Asociación de Cultivadores de Pasas, y los muchachos estaban ocupados organizando un club de atletismo, en la noche memorable de la traición de Manuel. Nadie los vio a él y a Buck alejarse por el huerto en lo que Buck imaginó que era simplemente un paseo. Y con la excepción de un hombre solitario, nadie los vio llegar a la pequeña estación de banderas conocida como College Park. Este hombre habló con Manuel, y el dinero se rechinó entre ellos.

—Podrías envolver la mercancía antes de entregarla —dijo el desconocido con brusquedad, y Manuel dobló un trozo de cuerda gruesa alrededor del cuello de Buck por debajo del cuello.

—Gíralo y te ahogarás —dijo Manuel, y el desconocido gruñó afirmativamente—.

Buck había aceptado la cuerda con tranquila dignidad. Sin duda, era una actuación insólita, pero había aprendido a confiar en los hombres que conocía y a reconocerles una sabiduría que superaba a la suya. Pero cuando los extremos de la cuerda fueron colocados en las manos del desconocido, éste gruñó amenazadoramente. Se había limitado a insinuar su disgusto, creyendo en su orgullo que intimar era mandar. Pero para su sorpresa, la cuerda se apretó alrededor de su cuello, cortándole la respiración. Con una rápida rabia, se abalanzó sobre el hombre, que se encontró con él a mitad de camino, lo agarró por el cuello y, con un hábil giro, lo arrojó de espaldas. Entonces la cuerda se tensó sin piedad, mientras Buck luchaba furioso, con la lengua fuera de la boca y su gran pecho jadeando inútilmente. Nunca en toda su vida había sido tratado tan vilmente, y nunca en toda su vida había estado tan enojado. Pero sus fuerzas disminuyeron, sus ojos se pusieron vidriosos, y no supo nada cuando el tren fue detenido y los dos hombres lo arrojaron al vagón de equipajes.

Lo siguiente que supo, fue vagamente consciente de que le dolía la lengua y de que lo estaban sacudiendo en una especie de transporte. El ronco chillido de una locomotora silbando en un cruce le indicó dónde estaba. Había viajado demasiado a menudo con el juez como para no conocer la sensación de viajar en un vagón de equipajes. Abrió los ojos, y en ellos entró la ira desenfrenada de un rey secuestrado. El hombre saltó hacia su garganta, pero Buck fue demasiado rápido para él. Sus mandíbulas se cerraron sobre la mano, y no se relajaron hasta que sus sentidos se ahogaron una vez más.

—Sí, tiene ataques —dijo el hombre, ocultando su mano destrozada del maletero, que se había sentido atraído por los sonidos de la lucha—.

"Estoy tomando 'estoy listo para el jefe a 'Frisco. Un médico de perros de crack cree que puede curarme.

Con respecto al viaje de esa noche, el hombre habló de la manera más elocuente por sí mismo, en un pequeño cobertizo en la parte trasera de un salón en el paseo marítimo de San Francisco.

—Lo único que recibo son cincuenta por ello —refunfuñó—; "Y no lo volvería a hacer por mil, dinero en efectivo".

Su mano estaba envuelta en un pañuelo ensangrentado y la pierna derecha del pantalón estaba rasgada desde la rodilla hasta el tobillo.

—¿Cuánto se quedó con la otra taza? —preguntó el tabernero.

"Cien", fue la respuesta. "No tomaría un sou menos, así que ayúdame".

—Son ciento cincuenta —calculó el tabernero—; "Y él lo vale, o soy un cabeza cuadrada".

El secuestrador desató los envoltorios ensangrentados y miró su mano lacerada. —Si no consigo el hidrofóbico...

—Será porque has nacido para ahorcarte —rió el tabernero—. —Toma, échame una mano antes de que tires de tu carga —añadió—.

Aturdido, sufriendo un dolor intolerable en la garganta y la lengua, con la vida medio estrangulada, Buck intentó enfrentarse a sus torturadores. Pero fue derribado y asfixiado repetidas veces, hasta que lograron quitarle el pesado collar de bronce del cuello. Luego le quitaron la cuerda y lo arrojaron a una jaula parecida a una jaula.

Allí permaneció el resto de la noche cansada, alimentando su ira y su orgullo herido. No podía entender lo que significaba todo aquello. ¿Qué querían de él, estos hombres extraños? ¿Por qué lo mantenían encerrado en esta caja estrecha? No sabía por qué, pero se sentía oprimido por la vaga sensación de una calamidad inminente. Varias veces durante la noche se puso en pie de un salto cuando la puerta del cobertizo se abrió con estrépito, esperando ver al juez, o al menos a los muchachos. Pero cada vez era el rostro abultado del tabernero el que lo miraba a la luz enfermiza de una vela de sebo. Y cada vez, el alegre ladrido que temblaba en la garganta de Buck se retorcía en un salvaje gruñido.

Pero el tabernero lo dejó en paz, y por la mañana entraron cuatro hombres y recogieron la caja. Más torturadores, decidió Buck, porque eran criaturas de aspecto malvado, harapientas y descuidadas; Y arremetió contra ellos y los enfureció a través de los barrotes. Solo se reían y le clavaban palos, que él atacó rápidamente con los dientes hasta que se dio cuenta de que eso era lo que querían. Después de lo cual se acostó hoscamente y permitió que la caja fuera levantada y subiera a un carro. Entonces él, y el cajón en el que estaba encerrado, comenzaron a pasar por muchas manos. Los empleados de la oficina de correos se hicieron cargo de él; Lo llevaban en otra carreta; Un camión lo llevó, con un surtido de cajas y paquetes, en un transbordador; Lo sacaron del vapor y lo llevaron a un gran depósito de ferrocarriles, y finalmente lo depositaron en un vagón expreso.

Durante dos días y dos noches, este vagón expreso fue arrastrado por la cola de locomotoras chillonas; y durante dos días y dos noches, Buck no comió ni bebió. En su cólera, había respondido con gruñidos a los primeros avances de los mensajeros del expreso, y ellos habían respondido burlándose de él. Cuando se arrojó contra los barrotes, temblando y espumoso, se rieron de él y se burlaron de él. Gruñían y ladraban como perros detestables, maullaban, agitaban los brazos y cacareaban. Sabía que todo era una tontería; pero por lo tanto, más ultraje a su dignidad, y su ira crecía y crecía. No le importaba tanto el hambre, pero la falta de agua le causaba graves sufrimientos y avivaba su ira hasta el punto febril. Por lo demás, nervioso y finamente sensible, los malos tratos le habían provocado una fiebre, alimentada por la inflamación de su garganta y lengua resecas e hinchadas.

Se alegró por una cosa: se había quitado la soga del cuello. Eso les había dado una ventaja injusta; Pero ahora que estaba apagado, se los mostraría. Nunca volverían a ponerle la soga alrededor del cuello. Sobre eso se resolvió. Durante dos días y dos noches no comió ni bebió, y durante esos dos días y noches de tormento, acumuló un fondo de ira que presagiaba mal para quien primero cayera en desgracia con él. Sus ojos se inyectaron en sangre y se transformó en un demonio furioso. Tan cambiado estaba, que el mismo Juez no lo hubiera reconocido; y los mensajeros del expreso respiraron aliviados cuando lo bajaron del tren en Seattle.

Cuatro hombres llevaron cautelosamente la caja de la carreta a un pequeño patio trasero de paredes altas. Un hombre corpulento, con un suéter rojo que se hundía generosamente en el cuello, salió y firmó el libro para el conductor. Buck adivinó que éste era el siguiente torturador, y se lanzó salvajemente contra los barrotes. El hombre sonrió sombríamente y trajo un hacha y un garrote.

"¿No lo vas a sacar ahora?", preguntó el conductor.

—Claro —respondió el hombre, clavando el hacha en la caja para hacer palanca—.

Los cuatro hombres que lo habían llevado se dispersaron instantáneamente y, desde posiciones seguras en lo alto de la pared, se prepararon para ver la actuación.

Buck se abalanzó sobre la madera astillada, hundiendo los dientes en ella, saltando y forcejeando con ella. Dondequiera que el hacha cayera en el exterior, él estaba allí en el interior, gruñendo y gruñendo, tan furiosamente ansioso por salir como el hombre del suéter rojo estaba tranquilamente decidido a sacarlo.

—Ahora, diablo de ojos rojos —dijo, cuando hubo hecho una abertura suficiente para el paso del cuerpo de Buck—. Al mismo tiempo, soltó el hacha y cambió el garrote a su mano derecha.

Y Buck era realmente un diablo de ojos rojos, mientras se preparaba para la primavera, con el pelo erizado, la boca espumosa, un brillo loco en sus ojos inyectados en sangre. Directamente contra el hombre lanzó sus ciento cuarenta libras de furia, sobrecargado con la pasión contenida de dos días y dos noches. En el aire, justo cuando sus mandíbulas estaban a punto de cerrarse sobre el hombre, recibió una descarga que revisó su cuerpo y juntó sus dientes con un corte agonizante. Se dio la vuelta, recogiendo el suelo en su espalda y costado. Nunca en su vida le había golpeado un garrote y no lo entendía. Con un gruñido que era en parte ladrido y más grito, se puso de pie de nuevo y se lanzó al aire. Y de nuevo llegó el choque y fue derribado al suelo. Esta vez era consciente de que era el club, pero su locura no conocía advertencias. Una docena de veces cargó, y otras tantas veces el garrote rompió la carga y lo derribó.

Después de un golpe particularmente feroz, se arrastró hasta ponerse en pie, demasiado aturdido para apresurarse. Se tambaleaba de un lado a otro, con la sangre brotando de la nariz, la boca y las orejas, con su hermoso pelaje salpicado y salpicado de sangre esclavista. Entonces el hombre avanzó y deliberadamente le asestó un golpe espantoso en la nariz. Todo el dolor que había soportado no era nada comparado con la exquisita agonía de esto. Con un rugido que era casi como el de un león en su ferocidad, se lanzó de nuevo sobre el hombre. Pero el hombre, moviendo el garrote de derecha a izquierda, lo agarró fríamente por la mandíbula inferior, al mismo tiempo que se retorcía hacia abajo y hacia atrás. Buck describió un círculo completo en el aire, y la mitad de otro, y luego se estrelló contra el suelo sobre su cabeza y pecho.

Por última vez corrió. El hombre asestó el astuto golpe que había retenido a propósito durante tanto tiempo, y Buck se desplomó y cayó, completamente inconsciente.

—No se queda atrás en la tarea de domar perros, eso es lo que digo —exclamó entusiasmado uno de los hombres de la pared—.

"Los criadores rompen cayos cualquier día, y dos veces los domingos", fue la respuesta del cochero, mientras subía a la carreta y ponía en marcha los caballos.

Buck recuperó sus sentidos, pero no sus fuerzas. Yacía en el lugar donde había caído, y desde allí observaba al hombre del jersey rojo.

—Respuestas al nombre de Buck —soliloquió el hombre, citando la carta del tabernero que había anunciado el envío de la caja y su contenido—. —Bueno, Buck, hijo mío —prosiguió con voz amable—, hemos tenido nuestra pequeña irritación, y lo mejor que podemos hacer es dejarla así. Tú has aprendido cuál es tu lugar, y yo conozco el mío. Sé un buen perro y todo saldrá bien y el ganso colgará en lo alto. Sé un perro malo, y yo te voy a sacar el relleno. ¿Entiendes?

Mientras hablaba, acariciaba sin miedo la cabeza que había golpeado tan despiadadamente, y aunque el pelo de Buck se erizó involuntariamente al tocar la mano, lo soportó sin protestar. Cuando el hombre le trajo agua, bebió con avidez, y más tarde tomó una generosa comida de carne cruda, pedazo por trozo, de la mano del hombre.

Lo golpearon (él lo sabía); Pero no estaba quebrado. Vio, de una vez por todas, que no tenía ninguna posibilidad contra un hombre con un garrote. Había aprendido la lección, y en toda su vida después de la muerte nunca la olvidó. Ese club fue una revelación. Era su introducción al reino del derecho primitivo, y se encontró con la introducción a mitad de camino. Los hechos de la vida adquirieron un aspecto más feroz; Y mientras se enfrentaba a ese aspecto sin acobardarse, lo hacía con toda la astucia latente de su naturaleza despertada. A medida que pasaban los días, llegaban otros perros, en jaulas y en los extremos de las cuerdas, algunos dócilmente, y otros furiosos y rugiendo como él había venido; Y, todos y cada uno de ellos, los vio pasar bajo el dominio del hombre del suéter rojo. Una y otra vez, mientras contemplaba cada brutal actuación, Buck se daba cuenta de la lección: un hombre con un garrote era un legislador, un amo al que había que obedecer, aunque no necesariamente conciliado. Buck nunca fue culpable de esto último, aunque sí vio perros golpeados que adulaban al hombre, meneaban la cola y le lamían la mano. También vio a un perro, que no se conciliaba ni obedecía, finalmente muerto en la lucha por el dominio.

De vez en cuando venían hombres, desconocidos, que hablaban excitados, jadeantes y de toda clase de maneras al hombre del suéter rojo. Y en los momentos en que el dinero pasaba entre ellos, los extraños se llevaban consigo uno o más de los perros. Buck se preguntó adónde iban, porque nunca volvían; Pero el miedo al futuro era fuerte en él, y se alegraba cada vez que no era elegido.

Sin embargo, su momento llegó, al final, en la forma de un hombrecito desaliñado que escupía un inglés entrecortado y muchas exclamaciones extrañas y groseras que Buck no podía entender.

—¡Sacredam! —exclamó cuando sus ojos se iluminaron sobre Buck—. —¡Maldito perro bravucón! ¿Eh? ¿Cómo moch?

"Trescientos, y un regalo", fue la pronta respuesta del hombre del suéter rojo. —Y parece que es dinero del gobierno, no te va a dar una patada, ¿eh, Perrault?

Perrault sonrió. Teniendo en cuenta que el precio de los perros se había disparado por la inusitada demanda, no era una suma injusta para un animal tan bueno. El Gobierno canadiense no saldría perdiendo, ni sus despachos viajarían más despacio. Perrault conocía a los perros, y cuando miró a Buck supo que era uno entre mil... «Uno entre diez t'ousand», comentó mentalmente.

Buck vio pasar el dinero entre ellos, y no se sorprendió cuando Curly, un bonachón Terranova, y él fueron llevados por el hombrecillo encojecido. Esa fue la última vez que vio al hombre del suéter rojo, y mientras Curly y él miraban a Seattle que se alejaba de la cubierta del *Narwhal*, fue la última vez que vio de la cálida tierra del sur. Curly y él fueron llevados abajo por Perrault y entregados a un gigante de cara negra llamado François. Perrault era franco-canadiense y moreno; pero François era un mestizo franco-canadiense, y dos veces más moreno. Eran un nuevo tipo de hombres para Buck (de los que estaba destinado a ver muchos más), y aunque no desarrolló ningún afecto por ellos, no obstante llegó a respetarlos honestamente. Pronto aprendió que Perrault y François eran hombres justos, serenos e imparciales en la administración de justicia, y demasiado sabios en el camino de los perros para dejarse engañar por los perros.

En las cubiertas del *Narval*, Buck y Curly se unieron a otros dos perros. Uno de ellos era un hombre corpulento y blanco como la nieve de Spitzbergen que había sido traído por un capitán ballenero, y que más tarde había acompañado a un Servicio Geológico a los Baldíos. Era amistoso, de una manera traicionera, sonriendo a la cara mientras meditaba algún truco solapado, como, por ejemplo, cuando robó de la comida de Buck en la primera comida. Cuando Buck saltó para castigarlo, el látigo del látigo de François cantó en el aire, alcanzando primero al culpable; y a Buck no le quedaba más remedio que recuperar el hueso. Eso era justo por parte de François, decidió, y el mestizo comenzó su ascenso en la estimación de Buck.

El otro perro no hizo ningún avance, ni recibió ninguno; además, no intentó robar a los recién llegados. Era un tipo sombrío y taciturno, y le demostró claramente a Curly que lo único que deseaba era que lo dejaran en paz y, además, que habría problemas si no lo dejaban solo. «Dave», le llamaban, y comía y dormía, o bostezaba de vez en cuando, y no se interesaba por nada, ni siquiera cuando el *narval* cruzaba el estrecho de la Reina Carlota y rodaba, cabeceaba y se balanceaba como un poseído. Cuando Buck y Curly se excitaron, medio locos de miedo, él levantó la cabeza como si estuviera molesto, los favoreció con una mirada poco curiosa, bostezó y se durmió de nuevo.

Día y noche, el barco palpitaba al ritmo incansable de la hélice, y aunque un día era muy parecido a otro, a Buck le resultaba evidente que el tiempo se volvía cada vez más frío. Por fin, una mañana, la hélice se calló, y el *Narval* se vio envuelto en una atmósfera de excitación. Lo sintió, al igual que los otros perros, y supo que se avecinaba un cambio. François los ató y los subió a cubierta. Al primer paso sobre la fría superficie, los pies de Buck se hundieron en una blancura blanda, algo muy parecida al barro. Retrocedió de un salto con un bufido. Más de esta materia blanca caía por el aire. Se sacudió, pero le cayó más encima. Lo olió con curiosidad y luego se lamió un poco en la lengua. Mordió como el fuego, y al instante siguiente desapareció. Esto lo dejó perplejo. Lo intentó de nuevo, con el mismo resultado. Los espectadores se rieron a carcajadas, y él se sintió avergonzado, no sabía por qué, porque era su primera nevada.

Capítulo II.La Ley del Trébol y el Colmillo

El primer día de Buck en la playa de Dyea fue como una pesadilla. Cada hora estaba llena de conmoción y sorpresa. Había sido súbitamente arrancado del corazón de la civilización y arrojado al corazón de las cosas primordiales. No era una vida perezosa y bañada por el sol, sin nada que hacer más que holgazanear y aburrirse. Aquí no había ni paz, ni descanso, ni un momento de seguridad. Todo era confusión y acción, y a cada momento la vida y la integridad física estaban en peligro. Había una necesidad imperiosa de estar constantemente alerta; Porque estos perros y hombres no eran perros y hombres de ciudad. Eran salvajes, todos ellos, que no conocían otra ley que la ley del garrote y el colmillo.

Nunca había visto a los perros pelear como lo hacían estas criaturas lobunas, y su primera experiencia le enseñó una lección inolvidable. Es cierto, fue una experiencia vicaria, de lo contrario no habría vivido para sacar provecho de ella. Curly fue la víctima. Estaban acampados cerca del almacén de troncos, donde ella, con su estilo amistoso, se acercó a un perro husky del tamaño de un lobo adulto, aunque no la mitad de grande que ella. No hubo ninguna advertencia, solo un salto como un relámpago, un chasquido metálico de dientes, un salto igualmente rápido, y la cara de Curly se abrió desde el ojo hasta la mandíbula.

Era la manera de luchar de los lobos, golpear y saltar; Pero había más que eso. Treinta o cuarenta huskies corrieron al lugar y rodearon a los combatientes en un círculo atento y silencioso. Buck no comprendía aquella silenciosa intención, ni la ansiedad con que se lamían las chuletas. Curly corrió hacia su antagonista, quien golpeó de nuevo y saltó a un lado. A su siguiente embestida se enfrentó con el pecho, de una manera peculiar que la hizo caer de sus pies. Nunca los recuperó. Esto era lo que los huskies que miraban habían esperado. Se acercaron a ella, gruñendo y aullando, y quedó enterrada, gritando de agonía, bajo la masa erizada de cuerpos.

Tan repentino y tan inesperado fue, que Buck se sorprendió. Vio a Spitz sacar su lengua escarlata de una manera que tenía que reír; y vio a François, blandiendo un hacha, saltar en el revoltijo de los perros. Tres hombres con palos le ayudaban a dispersarlos. No tardó mucho. Dos minutos después del momento en que Curly cayó, el último de sus agresores fue apaleado. Pero ella yacía inerte y sin vida en la nieve ensangrentada y pisoteada, casi literalmente hecha pedazos, con el mestizo engordado de pie sobre ella y maldiciendo horriblemente. La escena a menudo volvía a Buck para perturbarlo mientras dormía. Así que ese fue el camino. No hay juego limpio. Una vez abajo, ese fue el final de ti. Bueno, él se encargaría de que nunca cayera. Spitz sacó la lengua y volvió a reír, y desde ese momento Buck lo odió con un odio amargo e inmortal.

Antes de que se recuperara de la conmoción causada por el trágico fallecimiento de Curly, recibió otra conmoción. François le ató un arreglo de correas y hebillas. Era un arnés, como el que había visto que los mozos ponían a los caballos en casa. Y como había visto trabajar a los caballos, se puso manos a la obra, arrastrando a François en un trineo hasta el bosque que bordeaba el valle, y volviendo con una carga de leña. A pesar de que su dignidad se vio gravemente herida al ser convertido así en un animal de tiro, era demasiado sabio para rebelarse. Se abroqueló con voluntad e hizo lo mejor que pudo, aunque todo era nuevo y extraño. Francisco era severo, exigía obediencia inmediata, y en virtud de su látigo recibía obediencia instantánea; mientras que Dave, que era un experimentado wheeler, mordisqueaba los cuartos traseros de Buck cada vez que cometía un error. Spitz era el líder, igualmente experimentado, y aunque no siempre podía alcanzar a Buck, de vez en cuando gruñía una dura reprimenda, o astutamente lanzaba su peso sobre las huellas para empujar a Buck hacia el camino que debía seguir. Buck aprendió con facilidad, y bajo la enseñanza combinada de sus dos compañeros y François hizo progresos notables. Antes de que regresaran al campamento, sabía lo suficiente como para detenerse en «ho», adelantarse en «papilla», abrirse de par en par en las curvas y mantenerse alejado del camión de ruedas cuando el trineo cargado les pisaba los talones.

"T'ree vair' buenos perros", le dijo François a Perrault. "Maldito Buck, heem pool lak hell. I tich heem queek as anyt'ing.

Por la tarde, Perrault, que tenía prisa por seguir el rastro con sus despachos, regresó con dos perros más. "Billee" y "Joe" los llamaba, dos hermanos, y ambos verdaderos huskies. Aunque eran hijos de una misma madre, eran tan diferentes como el día y la noche. El único defecto de Billee era su excesiva bondad, mientras que Joe era todo lo contrario, agrio e introspectivo, con un gruñido perpetuo y un ojo maligno. Buck los recibió con camaradería, Dave los ignoró, mientras Spitz procedió a golpear primero a uno y luego al otro. Billee meneó la cola apaciguadoramente, se dio la vuelta para correr cuando vio que el apaciguamiento no servía de nada, y lloró (todavía con apaciguamiento) cuando los afilados dientes de Spitz le marcaron el flanco. Pero no importaba cómo Spitz diera vueltas, Joe giraba sobre sus talones para mirarlo, con la melena erizada, las orejas echadas hacia atrás, los labios retorciéndose y gruñendo, las mandíbulas entrecortadas tan rápido como podía y los ojos diabólicamente brillantes: la encarnación del miedo beligerante. Tan terrible era su apariencia que Spitz se vio obligado a renunciar a disciplinarlo; pero para cubrir su propio desconcierto, se volvió contra el inofensivo y llorón Billee y lo condujo a los confines del campamento.

Al anochecer, Perrault consiguió otro perro, un viejo husky, largo, delgado y demacrado, con una cara llena de cicatrices de batalla y un solo ojo que lanzaba una advertencia de destreza que imponía respeto. Se llamaba Sol-leks, que significa el Enojado. Al igual que Dave, no pedía nada, no daba nada, no esperaba nada; y cuando marchó lenta y deliberadamente en medio de ellos, incluso Spitz lo dejó en paz. Tenía una peculiaridad que Buck tuvo la mala suerte de descubrir. No le gustaba que se le acercara por su lado ciego. Buck era culpable de esta ofensa sin saberlo, y la primera vez que se dio cuenta de su indiscreción fue cuando Sol-leks se abalanzó sobre él y le cortó el hombro hasta el hueso tres pulgadas de arriba abajo. A partir de entonces, Buck evitó para siempre su lado ciego, y hasta el final de su camaradería no tuvo más problemas. Su única ambición aparente, como la de Dave, era que lo dejaran en paz; aunque, como Buck iba a saber más tarde, cada uno de ellos poseía una ambición aún más vital.

Esa noche Buck se enfrentó al gran problema de dormir. La tienda, iluminada por una vela, resplandecía cálidamente en medio de la blanca llanura; y cuando, como es natural, entró en ella, tanto Perrault como François lo bombardearon con maldiciones y utensilios de cocina, hasta que se recobró de su consternación y huyó ignominiosamente al frío exterior. Soplaba un viento helado que lo mordisqueaba bruscamente y mordía con especial veneno su hombro herido. Se tumbó en la nieve e intentó dormir, pero la escarcha pronto lo hizo temblar. Miserable y desconsolado, deambuló entre las muchas tiendas, solo para descubrir que un lugar era tan frío como otro. De vez en cuando, los perros salvajes se abalanzaban sobre él, pero él se erizó el pelo del cuello y gruñó (porque estaba aprendiendo rápido), y lo dejaron seguir su camino sin ser molestado.

Finalmente se le ocurrió una idea. Volvería y vería cómo se besaban sus propios compañeros. Para su asombro, habían desaparecido. De nuevo vagó por el gran campamento, buscándolos, y de nuevo regresó. ¿Estaban en la tienda? No, eso no podía ser, de lo contrario no habría sido expulsado. Entonces, ¿dónde podrían estar? Con la cola caída y el cuerpo tembloroso, muy desamparado en verdad, rodeó la tienda sin rumbo fijo. De repente, la nieve cedió bajo sus patas delanteras y se hundió. Algo se retorció bajo sus pies. Retrocedió de un salto, erizado y gruñendo, temeroso de lo invisible y desconocido. Pero un pequeño aullido amistoso lo tranquilizó y volvió a investigar. Una bocanada de aire cálido ascendió a sus fosas nasales, y allí, acurrucado bajo la nieve en una cómoda bola, yacía Billee. Gimió apaciguadoramente, se retorció y se retorció para mostrar su buena voluntad e intenciones, e incluso se atrevió, como soborno por la paz, a lamer la cara de Buck con su cálida y húmeda lengua.

Otra lección. Así que esa fue la forma en que lo hicieron, ¿eh? Buck seleccionó con confianza un lugar y, con mucho alboroto y esfuerzo inútil, procedió a cavar un hoyo para sí mismo. En un abrir y cerrar de ojos, el calor de su cuerpo llenó el espacio confinado y se quedó dormido. El día había sido largo y arduo, y durmió profunda y cómodamente, aunque gruñía, ladraba y luchaba con pesadillas.

Tampoco abrió los ojos hasta que lo despertaron los ruidos del campamento que se despertaba. Al principio no sabía dónde estaba. Había nevado durante la noche y estaba completamente enterrado. Los muros de nieve lo presionaban por todos lados, y una gran oleada de miedo lo recorrió: el miedo a la criatura salvaje por la trampa. Era una señal de que se remontaba a través de su propia vida a las vidas de sus antepasados; Porque era un perro civilizado, un perro excesivamente civilizado, y por su propia experiencia no conocía ninguna trampa y, por lo tanto, no podía temerla por sí mismo. Los músculos de todo su cuerpo se contrajeron espasmódica e instintivamente, el vello del cuello y los hombros se le erizó y, con un gruñido feroz, saltó directamente hacia el día cegador, con la nieve volando a su alrededor en una nube relampagueante. Antes de ponerse en pie, vio el campamento blanco que se extendía ante él y supo dónde estaba, y recordó todo lo que había pasado desde que fue a dar un paseo con Manuel hasta el agujero que se había cavado la noche anterior.

Un grito de François saludó su aparición. —¿Qué digo yo? —exclamó el cochero de perros a Perrault—. "Dat Buck seguro que aprende queek como cualquier otro".

Perrault asintió con gravedad. Como mensajero del gobierno canadiense, portador de importantes despachos, estaba ansioso por conseguir los mejores perros, y se alegró especialmente de la posesión de Buck.

Al cabo de una hora se añadieron tres huskies más al equipo, haciendo un total de nueve, y antes de que pasara otro cuarto de hora estaban enjaezados y balanceándose por el sendero hacia el cañón de Dyea. Buck se alegró de haberse ido, y aunque el trabajo era duro, descubrió que no lo despreciaba especialmente. Le sorprendió el entusiasmo que animaba a todo el equipo y que se le comunicaba; pero aún más sorprendente fue el cambio operado en Dave y Sol-leks. Eran perros nuevos, completamente transformados por el arnés. Toda pasividad y despreocupación habían desaparecido de ellos. Estaban alerta y activos, ansiosos de que la obra saliera bien, y ferozmente irritables con cualquier cosa que, por demora o confusión, retrasara esa obra. El trabajo de las huellas parecía la expresión suprema de su ser, y todo por lo que vivían y la única cosa en la que se deleitaban.

Dave era un perro de ruedas o de trineo, tirando delante de él estaba Buck, luego venía Sol-leks; el resto del equipo se colocó por delante, en fila india, hasta el líder, puesto que fue ocupado por Spitz.

Buck había sido colocado a propósito entre Dave y Sol-leks para que pudiera recibir instrucción. A pesar de ser un erudito acertado, eran maestros igualmente aptos, ya que nunca le permitían demorarse mucho tiempo en el error y reforzaban sus enseñanzas con sus afilados dientes. Dave era justo y muy sabio. Nunca mordisqueaba a Buck sin motivo, y nunca dejaba de mordisquearlo cuando lo necesitaba. A medida que el látigo de François lo respaldaba, Buck descubrió que era más barato enmendar sus caminos que tomar represalias. Una vez, durante una breve parada, cuando se enredó en las huellas y retrasó la salida, tanto Dave como Sol-leks volaron hacia él y le dieron una sonora paliza. La maraña resultante fue aún peor, pero Buck tuvo buen cuidado de mantener las huellas claras a partir de entonces; Y antes de que terminara el día, había dominado tan bien su trabajo, que sus compañeros casi dejaron de molestarlo. El látigo de François chasqueaba con menos frecuencia, y Perrault incluso honró a Buck levantando sus pies y examinándolos cuidadosamente.

Fue un duro día de carrera, subiendo por el Cañón, a través del Campamento de las Ovejas, pasando por las Escalas y la línea de bosques, a través de glaciares y ventisqueros de cientos de metros de profundidad, y sobre la gran División de Chilcoot, que se interpone entre el agua salada y la dulce y guarda imponentemente el triste y solitario Norte. Lograron pasar un buen rato por la cadena de lagos que llena los cráteres de los volcanes extintos, y esa misma noche se detuvieron en el enorme campamento en la cabecera del lago Bennett, donde miles de buscadores de oro estaban construyendo botes contra la ruptura del hielo en la primavera. Buck hizo su agujero en la nieve y durmió el sueño de los exhaustos, pero demasiado pronto fue arrastrado en la fría oscuridad y enganchado con sus compañeros al trineo.

Aquel día recorrieron cuarenta millas, estando el camino lleno; Pero al día siguiente, y durante muchos días después, rompieron su propio camino, trabajaron más duro y ganaron menos tiempo. Por regla general, Perrault viajaba por delante del equipo, llenando la nieve con zapatillas palmeadas para que les resultara más fácil. François, que guiaba el trineo en el palo de la gériga, a veces cambiaba de lugar con él, pero no a menudo. Perrault tenía prisa y se enorgullecía de su conocimiento del hielo, conocimiento que era indispensable, porque el hielo de otoño era muy delgado, y donde había agua rápida, no había hielo en absoluto.

Día tras día, durante días interminables, Buck se afanaba en las huellas. Siempre, levantaban el campamento en la oscuridad, y el primer gris del amanecer los encontraba en el camino con millas frescas a sus espaldas. Y siempre acampaban después del anochecer, comiendo su pedazo de pescado y arrastrándose para dormir en la nieve. Buck estaba hambriento. La libra y media de salmón secado al sol, que era su ración diaria, parecía no ir a ninguna parte. Nunca tenía suficiente, y sufría de hambre perpetua. Sin embargo, los otros perros, debido a que pesaban menos y nacieron para la vida, recibieron solo una libra del pescado y lograron mantenerse en buenas condiciones.

Pronto perdió la meticulosidad que había caracterizado su antigua vida. Un comensal delicado, descubrió que sus compañeros, al terminar primero, le robaban su ración sin terminar. No había forma de defenderlo. Mientras luchaba contra dos o tres, desaparecía por las gargantas de los demás. Para remediar esto, comía tan rápido como ellos; Y el hambre le obligaba tanto, que no dejaba de tomar lo que no le pertenecía. Observaba y aprendía. Cuando vio a Pike, uno de los nuevos perros, un astuto simulador y ladrón, robar astutamente una rebanada de tocino cuando Perrault estaba de espaldas, repitió la actuación al día siguiente, saliéndose con la suya con todo el trozo. Se armó un gran alboroto, pero no se sospechó de él; mientras que Dub, un torpe torpe que siempre era atrapado, fue castigado por la fechoría de Buck.

Este primer robo marcó a Buck como apto para sobrevivir en el hostil entorno de Northland. Marcó su capacidad de adaptación, su capacidad para adaptarse a las condiciones cambiantes, cuya falta habría significado una muerte rápida y terrible. Señalaba, además, la decadencia o el desmoronamiento de su naturaleza moral, cosa vana y un obstáculo en la despiadada lucha por la existencia. En las tierras del Sur, bajo la ley del amor y la comunión, todo estaba bien como para respetar la propiedad privada y los sentimientos personales; pero en las tierras del Norte, bajo la ley del garrote y el colmillo, quien tuviera en cuenta tales cosas era un tonto, y en la medida en que las observara no prosperaría.

No es que Buck lo razonara. Estaba en forma, eso era todo, e inconscientemente se acomodó al nuevo modo de vida. En todos sus días, sin importar las probabilidades, nunca había huido de una pelea. Pero el garrote del hombre del suéter rojo le había inculcado un código más fundamental y primitivo. Civilizado, podría haber muerto por una consideración moral, dice la defensa del látigo del juez Miller; Pero la plenitud de su descivilización se evidenciaba ahora por su capacidad para huir de la defensa de una consideración moral y así salvar su pellejo. No robaba porque sí, sino por el clamor de su estómago. No robaba abiertamente, sino que robaba en secreto y con astucia, por respeto al garrote y al colmillo. En resumen, las cosas que hizo las hizo porque era más fácil hacerlas que no hacerlas.

Su desarrollo (o regresión) fue rápido. Sus músculos se endurecieron como el hierro, y se volvió insensible a todo dolor ordinario. Logró una economía interna y externa. Podía comer cualquier cosa, por repugnante o indigesta que fuera; y, una vez comido, los jugos de su estómago extraían hasta la última partícula de alimento; Y su sangre la llevó hasta los confines más lejanos de su cuerpo, convirtiéndola en el más duro y robusto de los tejidos. La vista y el olfato se volvieron notablemente agudos, mientras que su oído se desarrolló tan aguda que en su sueño escuchó el sonido más débil y supo si anunciaba paz o peligro. Aprendió a morder el hielo con los dientes cuando se le acumulaba entre los dedos de los pies; Y cuando tenía sed y había una espesa capa de hielo sobre el pozo de agua, la rompía encabritándose y golpeándola con las patas delanteras rígidas. Su rasgo más conspicuo era la capacidad de olfatear el viento y pronosticarlo con una noche de anticipación. Por muy irrompo que fuera el aire cuando cavaba su nido junto a un árbol o un banco, el viento que soplaba más tarde lo encontraba inevitablemente a sotavento, protegido y cómodo.

Y no sólo aprendió por experiencia, sino que instintos muertos hacía mucho tiempo volvieron a la vida. Las generaciones domesticadas cayeron de él. Recordaba vagamente a los jóvenes de la raza, a la época en que los perros salvajes se paseaban en manadas por el bosque primitivo y mataban su carne mientras la atropellaban. No fue tarea para él aprender a luchar con cortes y tajos y el rápido chasquido del lobo. De esta manera había luchado contra los antepasados olvidados. Avivaron la vieja vida que había en él, y los viejos trucos que habían impreso en la herencia de la raza eran sus trucos. Llegaron a él sin esfuerzo ni descubrimiento, como si siempre hubieran sido suyos. Y cuando, en las noches todavía frías, apuntaba con la nariz a una estrella y aullaba larga y largamente como un lobo, eran sus antepasados, muertos y polvo, apuntando con la nariz a la estrella y aullando a través de los siglos y a través de él. Y sus cadencias eran sus cadencias, las cadencias que expresaban su aflicción y lo que para ellos era el significado de la rigidez, el frío y la oscuridad.

Así, como muestra de lo títere que es la vida, la antigua canción surgió a través de él y volvió a ser él mismo; y vino porque los hombres habían encontrado un metal amarillo en el Norte, y porque Manuel era un ayudante de jardinero cuyo salario no alcanzaba para cubrir las necesidades de su esposa y de varios ejemplares de sí mismo.

Capítulo III.La Bestia Primordial Dominante

La bestia primordial dominante era fuerte en Buck, y bajo las feroces condiciones de la vida crecía y crecía. Sin embargo, era un crecimiento secreto. Su astucia de recién nacido le dio aplomo y control. Estaba demasiado ocupado adaptándose a la nueva vida para sentirse a gusto, y no solo no buscaba peleas, sino que las evitaba siempre que podía. Una cierta deliberación caracterizaba su actitud. No era propenso a la imprudencia y a la acción precipitada; y en el amargo odio entre él y Spitz no traicionaba ninguna impaciencia, rehuía todos los actos ofensivos.

Por otro lado, posiblemente porque adivinó en Buck a un rival peligroso, Spitz nunca perdió la oportunidad de mostrar los dientes. Incluso hizo todo lo posible para intimidar a Buck, esforzándose constantemente por iniciar la pelea que solo podía terminar con la muerte de uno u otro. Al principio del viaje, esto podría haber ocurrido si no hubiera sido por un accidente inusual. Al final de este día construyeron un campamento sombrío y miserable a orillas del lago Le Barge. La nieve, un viento que cortaba como un cuchillo candente y la oscuridad los habían obligado a buscar a tientas un lugar para acampar. Difícilmente les podría haber ido peor. A sus espaldas se alzaba una pared de roca perpendicular, y Perrault y François se vieron obligados a encender el fuego y extender sus túnicas de dormir sobre el hielo del lago. La tienda que habían abandonado en Dyea para viajar ligeros. Unos pocos palos de leña a la deriva les proporcionaron un fuego que se descongeló a través del hielo y les permitió cenar a oscuras.

Muy cerca, bajo la roca protectora, Buck hizo su nido. Tan acogedor y cálido estaba, que se resistió a abandonarlo cuando François distribuyó el pescado que primero había descongelado sobre el fuego. Pero cuando Buck terminó su ración y regresó, encontró su nido ocupado. Un gruñido de advertencia le dijo que el intruso era Spitz. Hasta ahora, Buck había evitado problemas con su enemigo, pero esto era demasiado. La bestia que había en él rugió. Se abalanzó sobre Spitz con una furia que los sorprendió a ambos, y a Spitz en particular, porque toda su experiencia con Buck le había enseñado que su rival era un perro inusualmente tímido, que sólo lograba defenderse debido a su gran peso y tamaño.

François también se sorprendió cuando salieron disparados en una maraña del nido destrozado y adivinó la causa del problema. —¡A-a-ah! —exclamó a Buck—. "¡Gif it to heem, por Gar! ¡Gif to heem, el sucio t'eef!"

Spitz estaba igualmente dispuesto. Lloraba de pura rabia y ansiedad mientras daba vueltas de un lado a otro para tener la oportunidad de entrar. Buck no era menos ansioso, ni menos cauteloso, ya que también daba vueltas de un lado a otro para obtener ventaja. Pero fue entonces cuando sucedió lo inesperado, lo que proyectó su lucha por la supremacía hacia el futuro, más allá de muchos kilómetros de camino y trabajo.

Un juramento de Perrault, el impacto resonante de un garrote sobre un cuerpo huesudo y un agudo aullido de dolor, anunciaron el estallido del pandemónium. De repente se descubrió que el campamento estaba lleno de formas peludas que se escondían: huskies hambrientos, cuatro o sesenta de ellos, que habían olfateado el campamento desde alguna aldea india. Habían entrado sigilosamente mientras Buck y Spitz luchaban, y cuando los dos hombres saltaron entre ellos con robustos garrotes, mostraron los dientes y se defendieron. Estaban enloquecidos por el olor de la comida. Perrault encontró uno con la cabeza enterrada en la caja de comida. Su garrote aterrizó pesadamente sobre las costillas demacradas, y la caja de comida volcó en el suelo. En ese instante, una veintena de brutos hambrientos se apresuraban a conseguir el pan y el tocino. Los garrotes cayeron sobre ellos sin ser escuchados. Aullaban y aullaban bajo la lluvia de golpes, pero luchaban con locura hasta que se había devorado la última migaja.

Mientras tanto, los asombrados perros de equipo habían salido de sus nidos, sólo para ser atacados por los feroces invasores. Buck nunca había visto perros así. Parecía como si sus huesos fueran a estallar a través de sus pieles. Eran meros esqueletos, envueltos holgadamente en pieles arrastradas, con ojos ardientes y colmillos esclavizados. Pero la locura del hambre los hacía aterradores, irresistibles. No había forma de oponerse. Los perros del equipo fueron arrastrados hacia el acantilado a la primera embestida. Buck fue acosado por tres huskies, y en un abrir y cerrar de ojos su cabeza y hombros fueron desgarrados y acuchillados. El estruendo era espantoso. Billee lloraba como de costumbre. Dave y Sol-leks, chorreando sangre de una veintena de heridas, luchaban valientemente codo con codo. Joe se rompía como un demonio. Una vez, sus dientes se cerraron en la pata delantera de un husky, y crujió a través del hueso. Pike, el fingido, saltó sobre el animal lisiado, rompiéndole el cuello con un rápido destello de dientes y un tirón, Buck agarró a un adversario espumoso por el cuello y fue rociado con sangre cuando sus dientes se hundieron en la yugular. El cálido sabor de la misma en su boca lo incitaba a una mayor fiereza. Se arrojó sobre otro, y al mismo tiempo sintió que los dientes se hundían en su propia garganta. Era Spitz, atacando traicioneramente desde un costado.

Perrault y François, después de haber limpiado su parte del campamento, se apresuraron a salvar a sus perros de trineo. La oleada salvaje de bestias hambrientas rodó ante ellos, y Buck se liberó de una sacudida. Pero fue solo por un momento. Los dos hombres se vieron obligados a correr hacia atrás para salvar la larva, tras lo cual los huskies volvieron al ataque contra el equipo. Billee, aterrorizado por la valentía, saltó a través del círculo salvaje y huyó sobre el hielo. Pike y Dub le siguieron los talones, con el resto del equipo detrás. Cuando Buck se recompuso para saltar tras ellos, por el rabillo del ojo vio que Spitz se abalanzaba sobre él con la evidente intención de derrocarlo. Una vez fuera de pie y bajo aquella masa de huskies, no había esperanza para él. Pero se preparó para el impacto de la embestida de Spitz y luego se unió al vuelo hacia el lago.

Más tarde, los nueve perros del equipo se reunieron y buscaron refugio en el bosque. Aunque no fueron perseguidos, se encontraban en una situación lamentable. No hubo uno solo que no fuera herido en cuatro o cinco lugares, mientras que algunos fueron heridos de gravedad. Dub resultó gravemente herido en una pata trasera; Dolly, la última husky añadida al equipo de Dyea, tenía la garganta muy desgarrada; Joe había perdido un ojo; mientras que Billee, el bonachón, con la oreja mordida y desgarrada en cintas, lloraba y gemía durante toda la noche. Al amanecer regresaron cojeando cautelosamente al campamento, para encontrar a los merodeadores desaparecidos y a los dos hombres de mal humor. La mitad de su suministro de comida se había ido. Los huskies habían mordido las amarras del trineo y las cubiertas de lona. De hecho, nada, por remotamente comestible que fuera, se les había escapado. Se habían comido un par de mocasines de piel de alce de Perrault, trozos de los restos de cuero e incluso dos pies de látigo del extremo del látigo de François. Dejó de contemplarla con tristeza para mirar a sus perros heridos.

—Ah, mi amigo —dijo en voz baja—, mebbe it mek, perro rabioso, da muchos mordiscos. ¡Mebbe todo perro rabioso, sacredam! ¿Qué te parece, eh, Perrault?

El mensajero sacudió la cabeza dubitativamente. Con cuatrocientas millas de sendero todavía entre él y Dawson, no podía permitirse que estallara la locura entre sus perros. Dos horas de maldiciones y esfuerzo pusieron los arneses en forma, y el equipo, endurecido por las heridas, se puso en marcha, luchando penosamente por la parte más dura del camino que habían encontrado hasta entonces, y para el caso, la más difícil entre ellos y Dawson.

El río Thirty Mile estaba abierto de par en par. Su agua salvaje desafiaba las heladas, y sólo en los remolinos y en los lugares tranquilos era donde el hielo aguantaba. Se necesitaron seis días de trabajo agotador para cubrir esas treinta terribles millas. Y terribles eran, porque cada pie de ellos se lograba a riesgo de la vida del perro y del hombre. Una docena de veces, Perrault, husmeando en el camino, rompió los puentes de hielo, siendo salvado por el largo palo que llevaba, que sostenía de tal manera que caía cada vez a través del agujero hecho por su cuerpo. Pero se avecinaba una ola de frío, el termómetro marcaba cincuenta grados bajo cero, y cada vez que se abría paso se veía obligado a encender una hoguera y secar sus ropas.

Nada lo intimidaba. Fue porque nada lo intimidaba por lo que había sido elegido como correo del gobierno. Asumió toda clase de riesgos, hundiendo resueltamente su carita en la escarcha y luchando desde el oscuro amanecer hasta el anochecer. Bordeó las costas fruncidas sobre un borde de hielo que se doblaba y crujía bajo los pies y en el que no se atrevían a detenerse. Una vez, el trineo se abrió paso, con Dave y Buck, y estaban medio congelados y casi ahogados cuando fueron arrastrados. El fuego habitual fue necesario para salvarlos. Estaban sólidamente cubiertos de hielo, y los dos hombres los mantuvieron corriendo alrededor del fuego, sudando y descongelándose, tan cerca que las llamas los chamuscaron.

En otra ocasión, Spitz lo atravesó, arrastrando a todo el equipo tras de sí hasta Buck, que se esforzó hacia atrás con todas sus fuerzas, con las patas delanteras en el borde resbaladizo y el hielo temblando y crujiendo a su alrededor. Pero detrás de él estaba Dave, que también se esforzaba hacia atrás, y detrás del trineo estaba François, tirando hasta que se le agrietaron los tendones.

Una vez más, el hielo del borde se rompió por delante y por detrás, y no había escapatoria excepto por el acantilado. Perrault lo escaló por un milagro, mientras François rezaba precisamente por ese milagro; Y con cada correa y cada trineo amarrado y el último trozo de arnés enrollado en una larga cuerda, los perros fueron izados, uno por uno, hasta la cresta del acantilado. François fue el último, después del trineo y la carga. Luego vino la búsqueda de un lugar para descender, cuyo descenso se hizo finalmente con la ayuda de la cuerda, y la noche los encontró de nuevo en el río con un cuarto de milla en el haber del día.

Para cuando hicieron el Hootalinqua y el buen hielo, Buck estaba agotado. El resto de los perros estaban en condiciones similares; pero Perrault, para recuperar el tiempo perdido, los empujó tarde y temprano. El primer día recorrieron treinta y cinco millas hasta el Gran Salmón; al día siguiente treinta y cinco más al Pequeño Salmón; el tercer día cuarenta millas, lo que los llevó bien arriba hacia los Cinco Dedos.

Las patas de Buck no eran tan compactas y duras como las de los huskies. El suyo se había suavizado durante muchas generaciones desde el día en que su último ancestro salvaje fue domesticado por un habitante de las cavernas o el hombre del río. Todo el día cojeaba en agonía, y una vez hecho el campamento, se acostó como un perro muerto. Hambriento como estaba, no se movió para recibir su ración de pescado, que François tuvo que llevarle. Además, el cochero de perros frotaba los pies de Buck durante media hora cada noche después de la cena, y sacrificaba la parte superior de sus propios mocasines para hacer cuatro mocasines para Buck. Esto fue un gran alivio, y Buck hizo que incluso el rostro arrugado de Perrault se torciera en una sonrisa una mañana, cuando François olvidó los mocasines y Buck se tumbó boca arriba, con sus cuatro pies ondeando en el aire de manera suplicante, y se negó a moverse sin ellos. Más tarde, sus pies se endurecieron en el camino, y el calzado gastado fue arrojado a la basura.

Una mañana, en el Pelly, mientras se ponían el arnés, Dolly, que nunca había llamado la atención por nada, se volvió loca de repente. Anunció su estado con un largo y desgarrador aullido de lobo que hizo que todos los perros se erizaran de miedo, y luego saltó directamente hacia Buck. Nunca había visto a un perro enloquecer, ni tenía ninguna razón para temer la locura; Sin embargo, sabía que allí había horror, y huyó de él presa del pánico. Enseguida echó a correr, con Dolly, jadeando y espumosa, un salto por detrás; Ni ella podía vencerlo, tan grande era su terror, ni él podía abandonarla, tan grande era su locura. Se sumergió a través del pecho boscoso de la isla, voló hasta el extremo inferior, cruzó un canal trasero lleno de hielo áspero hasta otra isla, ganó una tercera isla, se curvó de regreso al río principal y, desesperado, comenzó a cruzarlo. Y todo el tiempo, aunque no miraba, podía oírla gruñir a un salto de distancia. François lo llamó a un cuarto de milla de distancia y él retrocedió, todavía un salto por delante, jadeando dolorosamente en busca de aire y poniendo toda su fe en que François lo salvaría. El cochero de perros sostenía el hacha en la mano, y cuando Buck pasó a su lado, el hacha se estrelló contra la cabeza de la loca Dolly.

Buck se tambaleó contra el trineo, exhausto, sollozando para respirar, impotente. Esta era la oportunidad de Spitz. Saltó sobre Buck, y dos veces sus dientes se hundieron en su enemigo que no resistía y desgarraron y desgarraron la carne hasta los huesos. Entonces descendió el látigo de François, y Buck tuvo la satisfacción de ver a Spitz recibir la peor paliza que se le había dado hasta entonces a cualquiera de los equipos.

—Un diablo, dat Spitz —observó Perrault—. "Algún maldito día heem keel dat Buck".

—Dos demonios —fue la réplica de François—. "Todo lo que veo de tam Buck lo sé con certeza. Lissen: un maldito buen día me enloquezco y me mastique Spitz y escupa en la nieve. Seguro. Lo sé.

A partir de entonces fue una guerra entre ellos. Spitz, como perro guía y reconocido amo del equipo, sintió su supremacía amenazada por este extraño perro de las tierras del sur. Y Buck le resultaba extraño, porque de los muchos perros de las tierras del Sur que había conocido, ninguno había aparecido dignamente en el campamento y en el camino. Todos eran demasiado blandos, morían bajo el trabajo, la helada y el hambre. Buck fue la excepción. Solo él resistió y prosperó, igualando al husky en fuerza, salvajismo y astucia. Entonces era un perro hábil, y lo que lo hacía peligroso era el hecho de que el garrote del hombre del suéter rojo había eliminado todo descaro ciego y temeridad de su deseo de dominio. Era eminentemente astuto, y podía esperar su momento con una paciencia que era nada menos que primitiva.

Era inevitable que llegara el enfrentamiento por el liderazgo. Buck lo quería. Lo quería porque era su naturaleza, porque se había apoderado de él ese orgullo innombrable e incomprensible del rastro y la huella, ese orgullo que retiene a los perros en el trabajo hasta el último suspiro, que los atrae a morir alegremente en el arnés y les rompe el corazón si se les corta el arnés. Este era el orgullo de Dave como perro de rueda, de Sol-leks cuando tiraba con todas sus fuerzas; el orgullo que se apoderó de ellos al romper el campamento, transformándolos de brutos amargados y hoscos en criaturas esforzadas, ansiosas y ambiciosas; el orgullo que los espoleaba todo el día y los dejaba en el campo del campamento por la noche, dejándolos caer de nuevo en la agitación sombría y el descontento.

Este era el orgullo que sostenía a Spitz y le hacía vapulear a los perros de trineo que tropezaban y rehuían las huellas o se escondían a la hora de enjaezar por la mañana. Del mismo modo, era este orgullo lo que le hacía temer a Buck como posible perro guía. Y este también era el orgullo de Buck.

Amenazó abiertamente al liderazgo del otro. Se interpuso entre él y los esquivos a los que debería haber castigado. Y lo hizo deliberadamente. Una noche cayó una fuerte nevada, y por la mañana Pike, el fingido, no apareció. Estaba seguro escondido en su nido bajo un pie de nieve. François lo llamó y lo buscó en vano. Spitz estaba loco de ira. Corrió furioso por el campamento, olfateando y cavando en todos los lugares posibles, gruñendo tan espantosamente que Pike lo oyó y se estremeció en su escondite.

Pero cuando por fin fue desenterrado, y Spitz voló hacia él para castigarlo, Buck voló, con igual rabia, en el medio. Tan inesperado fue, y tan astutamente manejado, que Spitz fue arrojado hacia atrás y fuera de sus pies. Pike, que había estado temblando abyectamente, se animó ante este motín abierto y se abalanzó sobre su líder derrocado. Buck, para quien el juego limpio era un código olvidado, también se abalanzó sobre Spitz. Pero François, riéndose del incidente mientras se mantenía inquebrantable en la administración de justicia, descargó su látigo sobre Buck con todas sus fuerzas. Esto no logró alejar a Buck de su rival postrado, y la culata del látigo entró en juego. Medio aturdido por el golpe, Buck fue derribado hacia atrás y el látigo cayó sobre él una y otra vez, mientras Spitz castigaba duramente a Pike tantas veces ofendido.

En los días que siguieron, a medida que Dawson se acercaba más y más, Buck continuó interfiriendo entre Spitz y los culpables; pero lo hizo con astucia, cuando François no estaba, Con el motín encubierto de Buck, surgió y aumentó una insubordinación general. Dave y Sol-leks no se vieron afectados, pero el resto del equipo fue de mal en peor. Las cosas ya no iban bien. Había continuas discusiones y tintineos. Los problemas siempre estaban al acecho, y en el fondo estaba Buck. Mantenía ocupado a François, porque el cochero de perros estaba en constante aprensión de la lucha a vida o muerte entre los dos, que sabía que tarde o temprano tendría lugar; y en más de una noche, los ruidos de las peleas y luchas entre los otros perros lo sacaron de su bata de dormir, temeroso de que Buck y Spitz estuvieran en ello.

Pero la oportunidad no se presentó, y llegaron a Dawson una tarde lúgubre con la gran pelea aún por venir. Allí había muchos hombres e innumerables perros, y Buck los encontró a todos trabajando. Parecía el orden ordenado de las cosas que los perros debían trabajar. Durante todo el día se balanceaban de un lado a otro de la calle principal en largos equipos, y por la noche seguían sonando sus campanillas. Transportaban troncos y leña de las cabañas, los transportaban hasta las minas y hacían todo tipo de trabajos que los caballos hacían en el valle de Santa Clara. Aquí y allá, Buck se encontraba con perros de las tierras del sur, pero en general eran de la raza husky lobo salvaje. Todas las noches, regularmente, a las nueve, a las doce, a las tres, entonaban una canción nocturna, un canto extraño y espeluznante, al que Buck se deleitaba en unirse.

Con las auroras boreales flameando fríamente sobre nuestras cabezas, o las estrellas saltando en la danza de la escarcha, y la tierra entumecida y congelada bajo su manto de nieve, esta canción de los huskies podría haber sido el desafío a la vida, sólo que estaba escrita en tono menor, con largos lamentos y medio sollozos, y era más bien la súplica de la vida. el esfuerzo articulado de la existencia. Era una vieja canción, vieja como la raza misma, una de las primeras canciones del mundo más joven en una época en que las canciones eran tristes. Estaba investido con la aflicción de innumerables generaciones, este lamento por el que Buck se sintió tan extrañamente conmovido. Cuando gemía y sollozaba, lo hacía con el dolor de la vida que era de antaño, el dolor de sus padres salvajes, y el miedo y el misterio del frío y la oscuridad que eran para ellos miedo y misterio. Y el hecho de que se sintiera conmovido por ello marcaba la plenitud con la que se remontaba a través de las edades del fuego y del techo a los crudos comienzos de la vida en las edades aullantes.

Siete días después de haber llegado a Dawson, descendieron por la empinada ladera junto a los Barracones hasta el sendero del Yukón, y se dirigieron a Dyea y Salt Water. Perrault llevaba despachos, si acaso, más urgentes que los que había traído; Además, el orgullo de viajar se había apoderado de él, y se propuso hacer el viaje récord del año. Varias cosas lo favorecieron en esto. El descanso de la semana había recuperado a los perros y los había puesto en buen estado. El camino que habían abierto en el país estaba lleno de gente por los viajeros posteriores. Y además, la policía había dispuesto en dos o tres lugares depósitos de comida para el perro y el hombre, y él viajaba ligero.

Hicieron Sixty Mile, que es una carrera de cincuenta millas, el primer día; y el segundo día los vio remontando el pozo del Yukón en su camino a Pelly. Pero tan espléndida carrera se logró no sin grandes problemas y vejaciones por parte de François. La insidiosa revuelta liderada por Buck había destruido la solidaridad del equipo. Ya no era como un perro saltando en las huellas. El aliento que Buck dio a los rebeldes los llevó a todo tipo de delitos menores. Spitz ya no era un líder muy temible. El viejo temor se fue, y se pusieron a la altura de desafiar su autoridad. Una noche, Pike le robó medio pez y se lo tragó bajo la protección de Buck. Otra noche, Dub y Joe pelearon contra Spitz y le hicieron renunciar al castigo que merecían. E incluso Billee, el bondadoso, era menos bondadoso y lloriqueaba ni la mitad de apaciguador que en días anteriores. Buck nunca se acercaba a Spitz sin gruñir y erizarse amenazadoramente. De hecho, su conducta se acercaba a la de un matón, y era dado a pavonearse de un lado a otro ante las mismas narices de Spitz.

El quebrantamiento de la disciplina también afectó a los perros en sus relaciones mutuas. Discutían y discutían más que nunca entre ellos, hasta que a veces el campamento se convertía en un alboroto. Dave y Sol-leks eran los únicos que permanecían inalterados, aunque se habían vuelto irritables por las interminables disputas. François hizo extraños juramentos bárbaros, pisoteó la nieve con ira inútil y se arrancó los cabellos. Su látigo siempre cantaba entre los perros, pero de poca utilidad. Inmediatamente le dieron la espalda, volvieron a la carga. Respaldó a Spitz con su látigo, mientras que Buck respaldó al resto del equipo. François sabía que él estaba detrás de todos los problemas, y Buck sabía que lo sabía; pero Buck era demasiado listo para que lo pillaran con las manos en la masa. Trabajaba fielmente en el arnés, porque el trabajo se había convertido en una delicia para él; Sin embargo, era un deleite mayor precipitar astutamente una pelea entre sus compañeros y enredar los rastros.

En la desembocadura del Tahkeena, una noche después de la cena, Dub encontró un conejo con raquetas de nieve, lo metió en la pata y falló. En un segundo, todo el equipo estaba en pleno llanto. A cien metros había un campamento de la Policía del Noroeste, con cincuenta perros, todos huskies, que se unieron a la persecución. El conejo corrió río abajo, se desvió hacia un pequeño arroyo, por el lecho congelado del cual se aferró firmemente. Corría con ligereza sobre la superficie de la nieve, mientras los perros se abrían paso con la fuerza principal. Buck lideraba el pelotón, con sesenta hombres, curva tras curva, pero no podía ganar. Se acostó a la carrera, gimiendo ansiosamente, su espléndido cuerpo avanzando lentamente, salto a salto, a la pálida y blanca luz de la luna. Y salto a salto, como un pálido espectro de escarcha, el conejo con raquetas de nieve avanzó como un relámpago.

Toda esa agitación de los viejos instintos que, en determinadas épocas, empuja a los hombres de las ciudades sonoras a los bosques y a las llanuras para matar cosas con perdigones de plomo propulsados químicamente, la sed de sangre, el placer de matar, todo esto era de Buck, sólo que era infinitamente más íntimo. Iba a la cabeza de la manada, atropellando a la criatura salvaje, la carne viva, para matarla con sus propios dientes y lavarse el hocico hasta los ojos con sangre caliente.

Hay un éxtasis que marca la cumbre de la vida, y más allá del cual la vida no puede elevarse. Y tal es la paradoja de vivir, este éxtasis llega cuando uno está más vivo, y llega como un completo olvido de que uno está vivo. Este éxtasis, este olvido de la vida, llega al artista, atrapado y fuera de sí mismo en una sábana de llama; Llega al soldado, enloquecido por la guerra en un campo de batalla y que se niega a dar cuartel; y llegó a Buck, encabezando la manada, haciendo sonar el viejo grito del lobo, esforzándose por perseguir la comida que estaba viva y que huía rápidamente ante él a través de la luz de la luna. Estaba sondeando las profundidades de su naturaleza, y de las partes de su naturaleza que eran más profundas que él, remontándose al vientre del Tiempo. Estaba dominado por el puro surgir de la vida, la marea del ser, la alegría perfecta de cada músculo, articulación y tendón por separado, en el sentido de que era todo lo que no era muerte, que era resplandeciente y desenfrenado, expresándose en movimiento, volando exultante bajo las estrellas y sobre la faz de la materia muerta que no se movía.

Pero Spitz, frío y calculador incluso en su estado de ánimo supremo, abandonó la manada y atravesó una estrecha lengua de tierra donde el arroyo daba una larga vuelta. Buck no sabía nada de esto, y al doblar la curva, con el espectro helado de un conejo aún revoloteando ante él, vio otro espectro escarchado más grande saltar desde el terraplén saliente hacia el camino inmediato del conejo. Era Spitz. El conejo no podía volverse, y cuando los dientes blancos le rompieron el lomo en el aire, chilló tan fuerte como puede chillar un hombre herido. Al oír esto, el grito de la Vida cayendo desde el ápice de la Vida en las garras de la Muerte, la manada completa que le pisaba los talones a Buck levantó un coro infernal de alegría.

Buck no gritó. No se detuvo, sino que se abalanzó sobre Spitz, hombro con hombro, con tanta fuerza que no alcanzó la garganta. Rodaban una y otra vez en la nieve en polvo. Spitz se puso en pie casi como si no hubiera sido derribado, cortando a Buck en el hombro y saltando hacia fuera. Dos veces sus dientes se cortaron, como las mandíbulas de acero de una trampa, mientras retrocedía para mantener un mejor equilibrio, con labios delgados y levantados que se retorcían y gruñían.

En un abrir y cerrar de ojos, Buck lo supo. Había llegado el momento. Fue a muerte. Mientras daban vueltas en círculos, gruñendo, con las orejas echadas hacia atrás, atentos a la ventaja, la escena le llegó a Buck con una sensación de familiaridad. Parecía recordarlo todo: los bosques blancos, la tierra, la luz de la luna y la emoción de la batalla. Sobre la blancura y el silencio se cernía una calma fantasmal. No había el más leve susurro de aire, nada se movía, ni una hoja temblaba, las respiraciones visibles de los perros se elevaban lentamente y se demoraban en el aire helado. Habían acabado rápidamente con el conejo raqueta de nieve, esos perros que eran lobos mal domesticados; Y ahora estaban dispuestos en un círculo expectante. Ellos también permanecían en silencio, sus ojos solo brillaban y sus respiraciones se elevaban lentamente. Para Buck no era nada nuevo ni extraño aquella escena de los viejos tiempos. Era como si siempre hubiera sido así, la forma habitual de las cosas.

Spitz era un boxeador experimentado. Desde Spitzbergen, a través del Ártico, pasando por Canadá y los Baldíos, se había defendido con todo tipo de perros y había logrado dominarlos. Su rabia amarga era la suya, pero nunca una rabia ciega. En su pasión por desgarrar y destruir, nunca olvidó que su enemigo tenía la misma pasión por desgarrar y destruir. Nunca se apresuró hasta que estuvo preparado para recibir una avalancha; Nunca atacó hasta que primero hubo defendido ese ataque.

En vano Buck se esforzó por hundir sus dientes en el cuello del gran perro blanco. Dondequiera que sus colmillos golpeaban la carne más blanda, eran contrarrestados por los colmillos de Spitz. Fang chocó con fang, y los labios estaban cortados y sangrando, pero Buck no pudo penetrar la guardia de su enemigo. Luego se calentó y envolvió a Spitz en un torbellino de juncos. Una y otra vez trató de llegar a la garganta blanca como la nieve, donde la vida burbujeaba cerca de la superficie, y cada vez Spitz lo cortaba y se escapaba. Entonces Buck empezó a correr, como si se dirigiera a la garganta, cuando, echando de repente la cabeza hacia atrás y curvándose hacia un lado, clavaba su hombro en el hombro de Spitz, como un carnero con el que derribarlo. Pero en cambio, el hombro de Buck fue cortado cada vez que Spitz se alejó ligeramente.

Spitz estaba intacto, mientras que Buck estaba empapado de sangre y jadeaba con fuerza. La lucha era cada vez más desesperada. Y mientras tanto, el círculo silencioso y lobuno esperaba para acabar con el perro que cayera. A medida que Buck se quedaba sin aliento, Spitz empezó a correr, y lo mantuvo tambaleándose para mantener el equilibrio. Una vez Buck se acercó, y todo el círculo de sesenta perros se puso en marcha; Pero se recuperó, casi en el aire, y el círculo se hundió de nuevo y esperó.

Pero Buck poseía una cualidad que contribuía a la grandeza: la imaginación. Luchaba por instinto, pero también podía luchar de cabeza. Corrió, como si intentara el viejo truco del hombro, pero en el último instante se deslizó hacia la nieve y entró. Sus dientes se cerraron en la pata delantera izquierda de Spitz. Se oyó el crujido de un hueso roto, y el perro blanco se enfrentó a él sobre tres patas. Tres veces trató de derribarlo, luego repitió el truco y se rompió la pata delantera derecha. A pesar del dolor y la impotencia, Spitz luchó locamente para mantenerse al día. Vio el círculo silencioso, con ojos brillantes, lenguas caídas y alientos plateados que se elevaban hacia arriba, acercándose a él como había visto círculos similares acercarse a antagonistas derrotados en el pasado. Solo que esta vez fue él quien fue golpeado.

No había esperanza para él. Buck era inexorable. La misericordia era cosa reservada para climas más suaves. Maniobró para la carrera final. El círculo se había estrechado hasta que pudo sentir las respiraciones de los huskies en sus flancos. Podía verlos, más allá de Spitz y a ambos lados, medio agachados hacia el resorte, con los ojos fijos en él. Pareció caer una pausa. Todos los animales permanecían inmóviles, como convertidos en piedra. Sólo Spitz temblaba y se erizaba mientras se tambaleaba de un lado a otro, gruñendo con horrible amenaza, como si quisiera ahuyentar a la muerte inminente. Entonces Buck entraba y salía de un salto; Pero mientras estaba dentro, Hombro se había encontrado por fin de frente. El círculo oscuro se convirtió en un punto en la nieve inundada por la luna cuando Spitz desapareció de la vista. Buck se quedó mirando al campeón, el campeón exitoso, la bestia primordial dominante que había logrado matar y la había encontrado buena.

Capítulo IV.¿Quién ha ganado el título de maestro?

—¿Eh? ¿Qué digo yo? Creo que es cierto cuando digo que Buck tiene dos demonios. Este fue el discurso de François a la mañana siguiente cuando descubrió que Spitz había desaparecido y que Buck estaba cubierto de heridas. Lo atrajo hacia el fuego y con su luz los señaló.

—Dat Spitz lucha contra el infierno —dijo Perrault, mientras examinaba las rasgaduras y los cortes abiertos—.

—Y ese Buck pelea en dos infiernos —fue la respuesta de François—. "Y ahora hacemos un buen tiempo. No más Spitz, no más problemas, seguro.

Mientras Perrault empacaba el equipo del campamento y cargaba el trineo, el conductor del perro procedió a enjaezar a los perros. Buck trotó hasta el lugar que Spitz habría ocupado como líder; pero François, sin advertirlo, llevó a Sol-leks a la codiciada posición. A su juicio, Sol-leks era el mejor perro guía que quedaba. Buck se abalanzó sobre Sol-leks con furia, haciéndolo retroceder y ocupando su lugar.

—¿Eh? ¿Eh? —exclamó François, golpeándose alegremente los muslos—. "Mira a ese Buck. Heem keel dat Spitz, heem t'ink para tomar el trabajo.

—¡Vete, Chook! —gritó, pero Buck se negó a moverse.

Tomó a Buck por el pescuezo y, aunque el perro gruñía amenazadoramente, lo arrastró a un lado y reemplazó a Sol-leks. Al viejo perro no le gustó, y demostró claramente que le tenía miedo a Buck. François se mostró obstinado, pero cuando le dio la espalda, Buck volvió a desplazar a Sol-leks, que no estaba en absoluto dispuesto a irse.

François estaba enfadado. —¡Ahora, por Gar, te engaño! —exclamó, volviendo con un pesado garrote en la mano—.

Buck recordó al hombre del suéter rojo y se retiró lentamente; tampoco intentó cargar cuando Sol-leks se presentó una vez más. Pero voló en círculos un poco más allá del alcance del club, gruñendo con amargura y rabia; y mientras daba vueltas, vigilaba el garrote para esquivarlo si François lo lanzaba, porque se había vuelto sabio en el camino de los palos. El cochero se dedicó a su trabajo y llamó a Buck cuando estaba listo para ponerlo en su antiguo lugar frente a Dave. Buck retrocedió dos o tres pasos. François le siguió, tras lo cual se retiró de nuevo. Después de un rato de esto, François tiró el palo, pensando que Buck temía una paliza. Pero Buck estaba en abierta rebelión. Quería, no escapar de una discoteca, sino tener el liderazgo. Era suyo por derecho. Se lo había ganado, y no se contentaría con menos.

Perrault le echó una mano. Entre los dos lo corrieron de un lado a otro durante casi una hora. Le lanzaron palos. Lo esquivó. Lo maldijeron a él, y a sus padres y a sus madres antes que él, y a toda su descendencia que había de venir después de él hasta la generación más remota, y cada cabello de su cuerpo y cada gota de sangre de sus venas; Y él respondió a la maldición con gruñidos y se mantuvo fuera de su alcance. No trató de huir, sino que se retiró alrededor del campamento, anunciando claramente que cuando se cumpliera su deseo, entraría y sería bueno.

François se sentó y se rascó la cabeza. Perrault miró su reloj y juró. El tiempo volaba, y deberían haber estado en el camino hace una hora. François volvió a rascarse la cabeza. Lo sacudió y sonrió tímidamente al mensajero, que se encogió de hombros en señal de que habían sido golpeados. Entonces François se acercó a donde estaba Sol-leks y llamó a Buck. Buck se rió, como ríen los perros, pero mantuvo la distancia. François desató las huellas de Sol-leks y lo volvió a colocar en su antiguo lugar. El equipo permaneció enganchado al trineo en una línea ininterrumpida, listo para el camino. No había lugar para Buck excepto en el frente. François volvió a llamar, y una vez más Buck se echó a reír y se mantuvo alejado.

—Rema abajo del club —ordenó Perrault—.

François obedeció, tras lo cual Buck entró trotando, riendo triunfalmente, y se colocó a la cabeza del equipo. Le sujetaron las huellas, le arrancaron el trineo y, con los dos hombres corriendo, se lanzaron al sendero del río.

A pesar de que el cochero de perros había valorado mucho a Buck con sus dos demonios, descubrió, cuando aún era joven, que lo había subestimado. De un salto, Buck asumió los deberes de liderazgo; y donde se requería juicio, rapidez de pensamiento y de acción, se mostraba superior incluso a Spitz, de quien Francisco nunca había visto igual.

Pero fue al dar la ley y hacer que sus compañeros la cumplieran, donde Buck sobresalió. A Dave y Sol-leks no les importó el cambio de liderazgo. No era asunto suyo. Su negocio consistía en afanarse, y trabajar poderosamente, en los rastros. Mientras no se interfiriera en eso, no les importaba lo que sucediera. Billee, el bondadoso, podía liderar por todo lo que les importara, siempre y cuando mantuviera el orden. El resto del equipo, sin embargo, se había vuelto rebelde durante los últimos días de Spitz, y su sorpresa fue grande ahora que Buck procedió a lamerlos para ponerlos en forma.

Pike, que tiraba de los talones de Buck, y que nunca ponía un gramo más de su peso contra el vendaje del pecho de lo que se veía obligado a hacerlo, fue rápida y repetidamente sacudido por holgazanear; Y antes de que terminara el primer día, estaba tirando más que nunca en su vida. La primera noche en el campamento, Joe, el amargado, fue castigado rotundamente, algo que Spitz nunca había logrado hacer. Buck simplemente lo asfixió en virtud de su peso superior, y lo cortó hasta que dejó de chasquear y comenzó a gemir pidiendo clemencia.

El tono general del equipo mejoró de inmediato. Recuperó su antigua solidaridad, y una vez más los perros saltaron como un solo perro en las huellas. En Rink Rapids se agregaron dos huskies nativos, Teek y Koona; y la celeridad con que Buck los rompió le quitó el aliento a François.

—¡Nevaire un perro como ese Buck! —exclamó—. —¡No, nevaire! ¡Heem vale un t'ousan' dollair, por Gar! ¿Eh? ¿Qué dices, Perrault?

Y Perrault asintió. Estaba por delante del récord entonces, y ganaba día a día. El sendero estaba en excelentes condiciones, bien compactado y duro, y no había nieve recién caída con la que lidiar. No hacía demasiado frío. La temperatura bajó a cincuenta grados bajo cero y permaneció allí todo el viaje. Los hombres cabalgaban y corrían por turnos, y los perros se mantenían en el salto, con paradas poco frecuentes.

El río de las Treinta Millas estaba comparativamente cubierto de hielo, y recorrieron en un día lo que les había llevado diez días entrar. En una carrera recorrieron sesenta millas desde el pie del lago Le Barge hasta los rápidos de White Horse. A través de Marsh, Tagish y Bennett (setenta millas de lagos), volaron tan rápido que el hombre a quien le tocaba correr fue remolcado detrás del trineo en el extremo de una cuerda. Y en la última noche de la segunda semana llegaron al paso Blanco y descendieron por la ladera del mar con las luces de Skaguay y de los barcos a sus pies.

Fue una carrera récord. Cada día, durante catorce días, habían recorrido un promedio de cuarenta millas. Durante tres días, Perrault y François lanzaron cofres de un lado a otro de la calle principal de Skaguay y fueron inundados con invitaciones para beber, mientras el equipo era el centro constante de una multitud de devotos cazadores de perros y mushers. Entonces, tres o cuatro hombres malos del Oeste aspiraban a limpiar la ciudad, fueron acribillados como cajas de pimienta por sus dolores, y el interés público se volvió hacia otros ídolos. Luego vinieron las órdenes oficiales. François llamó a Buck, lo abrazó y lloró por él. Y esa fue la última de François y Perrault. Al igual que otros hombres, desaparecieron de la vida de Buck para siempre.

Un mestizo escocés se hizo cargo de él y de sus compañeros, y en compañía de una docena de otros equipos de perros, emprendió el regreso por el cansado sendero hasta Dawson. Ya no era una carrera ligera, ni un tiempo récord, sino un trabajo pesado cada día, con una pesada carga detrás; porque éste era el tren correo, que llevaba noticias del mundo a los hombres que buscaban oro bajo la sombra del Polo.

A Buck no le gustaba, pero aguantaba bien el trabajo, enorgullcciéndose de él a la manera de Dave y Sol-leks, y cuidando de que sus compañeros, se enorgullecieran de él o no, hicieran lo que les correspondía. Era una vida monótona, que funcionaba con la regularidad de una máquina. Un día era muy parecido a otro. A una hora determinada cada mañana salían los cocineros, se encendían fogatas y se desayunaba. Entonces, mientras unos levantaban el campamento, otros enjaezaban a los perros, y se pusieron en marcha una hora más o menos antes de que cayera la oscuridad que daba aviso del amanecer. Por la noche, se hizo el campamento. Unos echaban las moscas, otros cortaban leña y ramas de pino para las camas, y otros llevaban agua o hielo para los cocineros. Además, se alimentó a los perros. Para ellos, ésta era la única característica del día, aunque era bueno holgazanear, después de comer el pescado, durante una hora más o menos con los otros perros, de los cuales había ochenta y pico. Había luchadores feroces entre ellos, pero tres batallas con los más feroces llevaron a Buck a la maestría, de modo que cuando se erizó y mostró sus dientes, se apartaron de su camino.

Lo mejor de todo, quizás, era que le encantaba tumbarse cerca del fuego, con las patas traseras agachadas debajo de él, las delanteras estiradas al frente, la cabeza levantada y los ojos parpadeando soñadores ante las llamas. A veces pensaba en la casona del juez Miller en el soleado valle de Santa Clara, y en la cisterna de cemento, y en Ysabel, la mexicana sin pelo, y en Toots, el pug japonés; pero más a menudo recordaba al hombre del jersey rojo, la muerte de Curly, la gran pelea con Spitz y las cosas buenas que había comido o le gustaría comer. No echaba de menos su hogar. El País del Sol era muy tenue y distante, y esos recuerdos no tenían poder sobre él. Mucho más potentes eran los recuerdos de su herencia que daban a las cosas que nunca antes había visto una aparente familiaridad; Los instintos (que no eran más que los recuerdos de sus antepasados convertidos en hábitos) que habían caducado en días posteriores, y aún más tarde, en él, se aceleraron y volvieron a la vida.

A veces, mientras estaba agazapado allí, parpadeando soñadoramente a las llamas, le parecía que las llamas eran de otro fuego, y que mientras se agachaba junto a este otro fuego veía a otro hombre diferente del mestizo cocinar delante de él. Este otro hombre era más corto de pierna y más largo de brazo, con músculos que eran fibrosos y nudosos en lugar de redondeados e hinchados. El cabello de este hombre era largo y enmarañado, y su cabeza se inclinaba hacia atrás desde los ojos. Emitía sonidos extraños, y parecía muy temeroso de la oscuridad, en la que miraba continuamente, apretando con la mano, que colgaba a medio camino entre la rodilla y el pie, un palo con una pesada piedra atada hasta el extremo. Estaba casi desnudo, con una piel harapienta y quemada por el fuego que le colgaba a mitad de la espalda, pero en su cuerpo había mucho pelo. En algunos lugares, a través del pecho y los hombros y en la parte exterior de los brazos y los muslos, estaba enmarañado en un pelaje casi grueso. No estaba erguido, sino con el tronco inclinado hacia adelante desde las caderas, sobre piernas que se doblaban a la altura de las rodillas. En su cuerpo había una peculiar elasticidad, o resistencia, casi felina, y una rápida alerta como la de alguien que vive en un miedo perpetuo a las cosas visibles e invisibles.

Otras veces, este hombre peludo se acuclillaba junto al fuego con la cabeza entre las piernas y dormía. En tales ocasiones, tenía los codos sobre las rodillas y las manos entrelazadas sobre la cabeza como si quisiera derramar lluvia por los brazos peludos. Y más allá de ese fuego, en la oscuridad que lo rodeaba, Buck podía ver muchas brasas relucientes, de dos en dos, siempre de dos en dos, que sabía que eran los ojos de grandes bestias de presa. Y podía oír el estrépito de sus cuerpos a través de la maleza y los ruidos que hacían en la noche. Y soñando allí, junto a la orilla del Yukón, con ojos perezosos parpadeando ante el fuego, estos sonidos y visiones de otro mundo hacían que se le erizaran los pelos a lo largo de la espalda y se le erizaran sobre los hombros y subieran por el cuello, hasta que gimió en voz baja y reprimida, o gruñó suavemente, y el cocinero mestizo le gritó: "¡Oye, Buck, despierta!" Con lo cual el otro mundo se desvanecía y el mundo real entraba en sus ojos, y él se levantaba, bostezaba y se estiraba como si hubiera estado dormido.

Fue un viaje duro, con el correo a sus espaldas, y el trabajo pesado los desgastó. Estaban bajos de peso y en malas condiciones cuando llegaron a Dawson, y deberían haber tenido un descanso de diez días o una semana por lo menos. Pero al cabo de dos días bajaron por la orilla del Yukón desde los cuarteles, cargados de cartas para el exterior. Los perros estaban cansados, los conductores refunfuñando y, para empeorar las cosas, nevaba todos los días. Esto significaba un rastro suave, mayor fricción en los corredores y tirones más pesados para los perros; Sin embargo, los conductores fueron justos en todo y dieron lo mejor de sí mismos por los animales.

Cada noche los perros eran atendidos primero. Comían antes de que comieran los cocheros, y nadie buscaba su bata de dormir hasta que había visto los pies de los perros que conducía. Aun así, sus fuerzas disminuyeron. Desde el comienzo del invierno habían recorrido mil ochocientas millas, arrastrando trineos toda la fatigosa distancia; y mil ochocientas millas contarán la vida de los más duros. Buck aguantó, manteniendo a sus compañeros en su trabajo y manteniendo la disciplina, aunque él también estaba muy cansado. Billee lloraba y gemía regularmente mientras dormía cada noche. Joe estaba más amargado que nunca, y Sol-leks era inaccesible, del lado ciego o del otro lado.

Pero fue Dave el que más sufrió. Algo le había salido mal. Se volvió más taciturno e irritable, y cuando se montó el campamento hizo inmediatamente su nido, donde su cochero lo alimentó. Una vez fuera del arnés y abajo, no volvió a ponerse en pie hasta la hora de ponerse el arnés por la mañana. A veces, en las huellas, cuando se le sacudía por una parada repentina del trineo, o al esforzarse por ponerlo en marcha, gritaba de dolor. El conductor lo examinó, pero no pudo encontrar nada. Todos los conductores se interesaron por su caso. Lo hablaron a la hora de comer, y con sus últimas pipas antes de acostarse, y una noche tuvieron una consulta. Lo sacaron de su nido para llevarlo al fuego y lo presionaron y lo empujaron hasta que gritó muchas veces. Algo andaba mal en el interior, pero no pudieron localizar ningún hueso roto, no pudieron salir.

Cuando llegaron a Cassiar Bar, estaba tan débil que caía repetidamente en las huellas. El mestizo escocés se detuvo y lo sacó del equipo, haciendo que el siguiente perro, Sol-leks, se acercara al trineo. Su intención era darle descanso a Dave, dejándolo correr libremente detrás del trineo.

Enfermo como estaba, a Dave le molestaba que lo sacaran, gruñendo y gruñendo mientras se desataban los rastros, y gimiendo con el corazón roto cuando vio a Sol-leks en el puesto que había ocupado y servido durante tanto tiempo. Porque el orgullo del rastro y del rastro era suyo, y, enfermo hasta la muerte, no podía soportar que otro perro hiciera su trabajo.

Cuando el trineo se puso en marcha, se tambaleó en la nieve blanda junto al camino trillado, atacando a Sol-leks con los dientes, lanzándose contra él y tratando de empujarlo hacia la nieve blanda del otro lado, esforzándose por saltar dentro de sus huellas y interponerse entre él y el trineo, y todo el tiempo gimiendo, aullando y llorando de pena y dolor. El mestizo trató de ahuyentarlo con el látigo; Pero no prestó atención al látigo punzante, y el hombre no tuvo el corazón para golpear más fuerte. Dave se negó a correr tranquilamente por el sendero detrás del trineo, donde el camino era fácil, pero continuó tropezando en la nieve blanda, donde el camino era más difícil, hasta quedar exhausto. Luego cayó, y se quedó donde cayó, aullando lúgubremente mientras pasaba la larga fila de trineos.

Con las últimas fuerzas que le quedaban, se las arregló para arrastrarse hasta que el tren se detuvo de nuevo, momento en el que se tambaleó entre los trineos hasta el suyo, donde se encontró junto a Sol-leks. Su chófer se demoró un momento para que el hombre de atrás encendiera su pipa. Luego regresó y puso en marcha a sus perros. Salieron a la pista con notable falta de esfuerzo, giraron la cabeza con inquietud y se detuvieron sorprendidos. El conductor también se sorprendió; El trineo no se había movido. Llamó a sus camaradas para que presenciaran el espectáculo. Dave había mordido las dos huellas de Sol-leks, y estaba de pie justo delante del trineo, en el lugar que le correspondía.

Suplicó a sus ojos que permanecieran allí. El conductor estaba perplejo. Sus camaradas hablaron de cómo un perro podía romperse el corazón al negarse el trabajo que lo mató, y recordaron casos que habían conocido, en los que perros, demasiado viejos para el trabajo, o heridos, habían muerto porque habían sido cortados de las huellas. Además, tenían una misericordia, ya que Dave iba a morir de todos modos, que muriera en las huellas, con el corazón tranquilo y contento. De modo que lo enjaezaron de nuevo, y tiró con orgullo como antaño, aunque más de una vez gritó involuntariamente por la mordedura de su herida interior. Varias veces se cayó y fue arrastrado por las huellas, y una vez el trineo le atropelló de modo que después cojeó con una de sus patas traseras.

Pero resistió hasta que llegó al campamento, cuando su cochero le hizo un sitio junto al fuego. La mañana lo encontró demasiado débil para viajar. A la hora de poner el arnés, trató de arrastrarse hasta su conductor. Con esfuerzos convulsivos se puso en pie, se tambaleó y cayó. Luego avanzó lentamente hacia donde les estaban colocando los arneses a sus compañeros. Adelantaba sus patas delanteras y arrastraba su cuerpo hacia arriba con una especie de movimiento de enganche, cuando adelantaba sus patas delanteras y volvía a engancharse unos centímetros más. Sus fuerzas lo abandonaron, y la última vez que sus compañeros lo vieron, yacía jadeante en la nieve y anhelando hacia ellos. Pero pudieron oírlo aullar lastimeramente hasta que se perdieron de vista detrás de un cinturón de madera de río.

Aquí el tren se detuvo. El mestizo escocés volvió lentamente sobre sus pasos hasta el campamento que habían dejado. Los hombres dejaron de hablar. Sonó un disparo de revólver. El hombre regresó apresuradamente. Los látigos chasqueaban, las campanas tintineaban alegremente, los trineos se agitaban a lo largo del sendero; pero Buck sabía, y todos los perros sabían, lo que había ocurrido detrás del cinturón de árboles del río.

Capítulo V. El trabajo de la huella y el rastro

Treinta días después de haber salido de Dawson, el Correo de Agua Salada, con Buck y sus compañeros al frente, llegó a Skaguay. Estaban en un estado lamentable, desgastados y desgastados. Las ciento cuarenta libras de Buck se habían reducido a ciento quince. El resto de sus compañeros, aunque eran perros más ligeros, habían perdido relativamente más peso que él. Pike, el fingido, que en su vida de engaño a menudo había fingido con éxito una pierna lastimada, ahora cojeaba en serio. Sol-leks cojeaba y Dub sufría de un omóplato desgarrado.

Todos estaban terriblemente doloridos en los pies. No les quedaba ningún resorte ni rebote. Sus pies cayeron pesadamente en el camino, sacudiendo sus cuerpos y duplicando la fatiga de un día de viaje. No les pasaba nada, excepto que estaban muertos de cansancio. No era el cansancio muerto que se produce con un esfuerzo breve y excesivo, del que la recuperación es cuestión de horas; Pero era el cansancio muerto que llega a través del lento y prolongado drenaje de fuerzas de meses de trabajo. No quedaba poder de recuperación, ni fuerza de reserva a la que recurrir. Había sido todo usado, hasta el último pedacito. Cada músculo, cada fibra, cada célula, estaba cansada, muerta de cansancio. Y había una razón para ello. En menos de cinco meses habían recorrido mil quinientas millas, durante las últimas mil ochocientas de las cuales sólo habían tenido cinco días de descanso. Cuando llegaron a Skaguay, aparentemente estaban en sus últimas etapas. Apenas podían mantener las huellas tensas, y en las pendientes descendentes apenas conseguían apartarse del camino del trineo.

"A por todas, pobres pies doloridos", les animó el conductor mientras avanzaban tambaleándose por la calle principal de Skaguay. "Dis is de las'. Den tenemos una larga res'. ¿Eh? Seguro. Un matón de larga duración".

Los pilotos esperaban con confianza una escala larga. Ellos mismos habían cubierto mil doscientas millas con dos días de descanso, y por la naturaleza de la razón y la justicia común merecían un intervalo de holgazanería. Pero eran tantos los hombres que se habían precipitado en el Klondike, y tantos eran los novios, esposas y parientes que no se habían apresurado a llegar, que el correo congestionado estaba adquiriendo proporciones alpinas; Además, había órdenes oficiales. Nuevos lotes de perros de la Bahía de Hudson iban a ocupar el lugar de los inútiles para el camino. Había que deshacerse de los inútiles y, como los perros valían poco frente a los dólares, había que venderlos.

Pasaron tres días, momento en el que Buck y sus compañeros se dieron cuenta de lo cansados y débiles que estaban. Entonces, en la mañana del cuarto día, dos hombres de los Estados Unidos llegaron y los compraron, con arnés y todo, para una canción. Los hombres se dirigían unos a otros como "Hal" y "Charles". Charles era un hombre de mediana edad, de color claro, con ojos débiles y llorosos y un bigote que se retorcía feroz y vigorosamente, desmintiendo el labio flácido y caído que ocultaba. Hal era un joven de diecinueve o veinte años, con un gran revólver Colt y un cuchillo de caza atado a un cinturón bastante erizado de cartuchos. Este cinturón era lo más sobresaliente de él. Anunciaba su insensatez, una incredulidad pura e indecible. Ambos hombres estaban manifiestamente fuera de lugar, y por qué tales debían aventurarse en el Norte es parte del misterio de las cosas que escapa a la comprensión.

Buck oyó el estruendo de los bueyes, vio pasar el dinero entre el hombre y el agente del gobierno, y supo que el mestizo escocés y los maquinistas del tren correo iban a desaparecer de su vida pisándole los talones a Perrault, a François y a los demás que habían ido antes. Cuando lo llevaron con sus compañeros al campamento de los nuevos propietarios, Buck vio un asunto descuidado y desaliñado, la tienda medio estirada, los platos sin lavar, todo en desorden; Además, vio a una mujer. "Mercedes", le decían los hombres. Era la esposa de Charles y la hermana de Hal, una bonita fiesta familiar.

Buck los observó con aprensión mientras procedían a desmontar la tienda y cargar el trineo. Había un gran esfuerzo en sus modales, pero no un método profesional. La tienda estaba enrollada en un bulto incómodo tres veces más grande de lo que debería haber sido. Los platos de hojalata estaban guardados sin lavar. Mercedes revoloteaba continuamente en el camino de sus hombres y mantenía un parloteo ininterrumpido de protestas y consejos. Cuando pusieron un saco de ropa en la parte delantera del trineo, ella sugirió que fuera en la parte trasera; Y cuando lo hubieron puesto en el lomo y lo cubrieron con un par de bultos más, descubrió artículos pasados por alto que no podían estar en ningún otro lugar que en ese mismo saco, y volvieron a descargar.

Tres hombres de una tienda vecina salieron y miraron, sonriendo y guiñándose el ojo.

—Ustedes tienen una carga inteligente tal como está —dijo uno de ellos—; Y no soy yo quien deba contarte lo que te importa, pero yo no llevaría esa tienda si fuera tú.

-¡Inimaginable! -exclamó Mercedes, levantando las manos con delicada consternación-. "Sin embargo, ¿podría arreglármelas sin una tienda de campaña?"

"Es primavera y no tendrás más frío", respondió el hombre.

Ella sacudió la cabeza con decisión, y Charles y Hal pusieron las últimas cosas encima de la carga montañosa.

"¿Crees que va a montar?", preguntó uno de los hombres.

—¿Por qué no debería hacerlo? —preguntó Charles en tono breve.

"Oh, está bien, está bien", se apresuró a decir el hombre mansamente. "Me estaba preguntando, eso es todo. Parecía un ácaro pesado en la parte superior".

Carlos le dio la espalda y bajó los amarres lo mejor que pudo, lo que no le sentó nada bien.

"Y, por supuesto, los perros pueden caminar todo el día con ese artilugio detrás de ellos", afirmó un segundo de los hombres.

—Ciertamente —dijo Hal con gélida cortesía, agarrando el palo con una mano y blandiendo el látigo con la otra—. "¡Papilla!", gritó. "¡Papilla ahí!"

Los perros saltaron contra las bandas del pecho, se esforzaron con fuerza durante unos instantes y luego se relajaron. No podían mover el trineo.

—A los brutos perezosos, se los mostraré —exclamó, preparándose para atacarlos con el látigo—.

Pero Mercedes intervino, gritando: «Oh, Hal, no debes», mientras agarraba el látigo y se lo arrebataba. —¡Pobrecitos! Ahora debes prometerme que no serás duro con ellos durante el resto del viaje, o no daré un paso.

—Mucho sabes de perros —se burló su hermano—; Y desearía que me dejaras en paz. Son perezosos, te lo digo, y tienes que azotarlos para sacarles algo. Ese es su camino. Le preguntas a cualquiera. Pregúntale a uno de esos hombres.

Mercedes los miró implorante, con una repugnancia indecible al ver el dolor escrito en su hermoso rostro.

"Son débiles como el agua, si quieres saberlo", fue la respuesta de uno de los hombres. "Ciruela tuckered, eso es lo que pasa. Necesitan un descanso".

—Que el resto se quede en blanco —dijo Hal con sus labios imberbes—; y Mercedes dijo: «¡Oh!», con dolor y tristeza por el juramento.

Pero ella era una criatura de clan, y corrió de inmediato en defensa de su hermano. —No te preocupes por ese hombre —dijo ella intencionadamente—. "Estás conduciendo a nuestros perros y haces lo que crees que es mejor con ellos".

De nuevo el látigo de Hal cayó sobre los perros. Se arrojaron contra las vendas del pecho, hundieron los pies en la nieve compacta, se agacharon y desplegaron todas sus fuerzas. El trineo se sostenía como si fuera un ancla. Después de dos esfuerzos, se quedaron quietos, jadeando. El látigo silbaba salvajemente, cuando una vez más Mercedes intervino. Se arrodilló ante Buck, con lágrimas en los ojos, y le rodeó el cuello con los brazos.

—Pobrecitos, pobres queridos —exclamó ella con simpatía—, ¿por qué no tiráis con fuerza?... entonces no os azotarían. A Buck no le gustaba, pero se sentía demasiado miserable para resistirse a ella, tomándolo como parte del miserable trabajo del día.

Uno de los espectadores, que había estado apretando los dientes para reprimir el habla acalorada, ahora habló:

"No es que me importe un bledo lo que sea de ti, pero por el bien de los perros, solo quiero decirte que puedes ayudarlos muchísimo sacando ese trineo. Los corredores se congelan rápidamente. Lanza tu peso contra el poste, a derecha e izquierda, y rómpelo.

Una tercera vez se hizo el intento, pero esta vez, siguiendo el consejo, Hal sacó a los corredores que habían quedado congelados en la nieve. El trineo sobrecargado y difícil de manejar siguió adelante, Buck y sus compañeros lucharon frenéticamente bajo la lluvia de golpes. Un centenar de metros más adelante, el camino giraba y descendía abruptamente hacia la calle principal. Habría hecho falta un hombre experimentado para mantener en posición vertical el pesado trineo superior, y Hal no era uno de esos hombres. Al balancearse en la curva, el trineo pasó, derramando la mitad de su carga a través de las amarras sueltas. Los perros nunca se detuvieron. El trineo aligerado saltó de costado detrás de ellos. Estaban enojados por los malos tratos que habían recibido y la injusta carga. Buck estaba furioso. Comenzó a correr, y el equipo siguió su ejemplo. Hal exclamó: "¡Vaya! ¡Guau!", pero no le hicieron caso. Tropezó y fue arrancado de sus pies. El trineo volcado pasó por encima de él, y los perros corrieron calle arriba, aumentando la alegría de Skaguay mientras dispersaban el resto del grupo a lo largo de la calle principal.

Los ciudadanos de buen corazón atraparon a los perros y recogieron las pertenencias dispersas. Además, dieron consejos. La mitad de la carga y el doble de los perros, si es que alguna vez esperaban llegar a Dawson, fue lo que se dijo. Hal, su hermana y su cuñado escucharon de mala gana, montaron la tienda y revisaron el atuendo. Se produjeron productos enlatados que hicieron reír a los hombres, porque los productos enlatados en el Largo Camino son algo con lo que soñar. "Mantas para un hotel", dijo uno de los hombres que se reía y ayudaba. "La mitad es demasiado; Deshazte de ellos. Tira esa tienda y todos esos platos, ¿quién los va a lavar de todos modos? Dios mío, ¿cree que viaja en un Pullman?

Y así fue, la eliminación inexorable de lo superfluo. Mercedes lloró cuando sus bolsas de ropa fueron arrojadas al suelo y artículo tras artículo fue arrojado. Lloraba en general, y lloraba en particular por cada cosa desechada. Juntó las manos alrededor de las rodillas, balanceándose de un lado a otro con el corazón roto. Afirmó que no avanzaría ni un centímetro, no por una docena de Charleses. Apeló a todos y a todo, finalmente se secó los ojos y procedió a desechar incluso las prendas de vestir que eran imprescindibles y necesarias. Y en su celo, cuando hubo terminado con los suyos, atacó las pertenencias de sus hombres y las atravesó como un tornado.

Hecho esto, el traje, aunque cortado por la mitad, seguía siendo un volumen formidable. Charles y Hal salieron por la noche y compraron seis perros Outside. Estos, sumados a los seis del equipo original, y Teek y Koona, los huskies obtenidos en los Rink Rapids en el viaje de récord, elevaron el equipo a catorce. Pero los perros de fuera, aunque prácticamente amaestrados desde su desembarco, no llegaron a gran cosa. Tres eran pointers de pelo corto, uno era un Terranova y los otros dos eran mestizos de raza indeterminada. No parecían saber nada, estos recién llegados. Buck y sus camaradas los miraron con disgusto, y aunque rápidamente les enseñó sus lugares y lo que no debían hacer, no pudo enseñarles qué hacer. No les gustaba trazar y seguir. Con la excepción de los dos mestizos, estaban desconcertados y desanimados por el extraño ambiente salvaje en el que se encontraban y por los malos tratos que habían recibido. Los dos mestizos estaban sin espíritu en absoluto; Los huesos eran lo único que se podía romper en ellos.

Con los recién llegados desesperados y desamparados, y el viejo equipo agotado por dos mil quinientas millas de camino continuo, las perspectivas eran cualquier cosa menos brillantes. Los dos hombres, sin embargo, estaban bastante alegres. Y también estaban orgullosos. Lo hacían por todo lo alto, con catorce perros. Habían visto otros trineos que partían por el paso hacia Dawson, o que venían de Dawson, pero nunca habían visto un trineo con tantos como catorce perros. En la naturaleza de los viajes por el Ártico había una razón por la que catorce perros no debían arrastrar un trineo, y era que un trineo no podía llevar la comida para catorce perros. Pero Charles y Hal no lo sabían. Habían hecho el viaje con un lápiz, tanto a un perro, tantos perros, tantos días, Q.E.D. Mercedes miró por encima de sus hombros y asintió comprensivamente, todo era tan simple.

A última hora de la mañana siguiente, Buck condujo al largo grupo calle arriba. No había nada animado en ello, ni chasquido ni vaivén en él y en sus compañeros. Empezaban a estar muy cansados. Cuatro veces había cubierto la distancia entre Salt Water y Dawson, y el conocimiento de que, hastiado y cansado, se enfrentaba una vez más al mismo camino, lo amargaba. Su corazón no estaba en el trabajo, ni tampoco el corazón de ningún perro. Los de afuera eran tímidos y asustados, los de adentro no confiaban en sus amos.

Buck sintió vagamente que no se podía depender de aquellos dos hombres y la mujer. No sabían hacer nada, y a medida que pasaban los días se hacía evidente que no podían aprender. Eran flojos en todas las cosas, sin orden ni disciplina. Tardaron la mitad de la noche en montar un campamento descuidado, y la otra mitad de la mañana en levantar ese campamento y cargar el trineo de manera tan descuidada que durante el resto del día estuvieron ocupados en detener y reorganizar la carga. Algunos días no recorrían diez millas. Otros días no pudieron empezar en absoluto. Y en ningún día lograron hacer más de la mitad de la distancia utilizada por los hombres como base para el cálculo de la comida para perros.

Era inevitable que se quedaran sin comida para perros. Pero lo aceleraron con la sobrealimentación, acercándose el día en que comenzaría la subalimentación. Los perros de Exterior, cuyas digestiones no habían sido entrenadas por el hambre crónica para aprovechar al máximo lo poco, tenían apetitos voraces. Y cuando, además de esto, los gastados huskies tiraban débilmente, Hal decidió que la ración ortodoxa era demasiado pequeña. Lo duplicó. Y para colmo, cuando Mercedes, con lágrimas en sus hermosos ojos y un temblor en la garganta, no pudo persuadirlo para que les diera aún más a los perros, robó de los sacos de pescado y los alimentó con picardía. Pero lo que Buck y los huskies necesitaban no era comida, sino descanso. Y aunque estaban haciendo mal tiempo, la pesada carga que arrastraban minó gravemente sus fuerzas.

Luego vino la subalimentación. Hal se despertó un día y se dio cuenta de que la comida de su perro se había agotado a medias y que la distancia sólo cubría una cuarta parte; Además, que por amor o dinero no se podía obtener comida adicional para perros. Así que redujo incluso la ración ortodoxa y trató de aumentar el día de viaje. Su hermana y su cuñado lo secundaron; Pero se sentían frustrados por su pesado atuendo y su propia incompetencia. Era una cuestión sencilla dar menos comida a los perros; Pero era imposible hacer que los perros viajaran más rápido, mientras que su propia incapacidad para ponerse en marcha más temprano en la mañana les impedía viajar más horas. No solo no sabían cómo trabajar con perros, sino que tampoco sabían cómo trabajar ellos mismos.

El primero en marcharse fue Dub, pobre ladrón torpe que era, siempre siendo atrapado y castigado, pero no por ello había sido un trabajador fiel. Su omóplato desgarrado, sin tratar y sin descanso, iba de mal en peor, hasta que finalmente Hal le disparó con el revólver de la gran Colt. Es un dicho del país que un perro de afuera se muere de hambre con la ración del husky, por lo que los seis perros de afuera bajo Buck no podrían hacer menos que morir con la mitad de la ración del husky. El Terranova fue el primero, seguido por los tres pointers de pelo corto, los dos mestizos se aferraron a la vida con más garra, pero al final se fueron.

Para entonces, todas las comodidades y gentilezas de las tierras del sur habían desaparecido de las tres personas. Despojados de su glamour y romance, los viajes por el Ártico se convirtieron para ellos en una realidad demasiado dura para su hombría y feminidad. Mercedes dejó de llorar por los perros, demasiado ocupada en llorar sobre sí misma y en pelear con su marido y su hermano. Pelear era lo único que nunca se cansaban demasiado de hacer. Su irritabilidad surgía de su miseria, aumentaba con ella, se duplicaba sobre ella, la superaba. La maravillosa paciencia del camino que llega a los hombres que se afanan y sufren dolorosamente, y permanecen dulces y amables en el habla, no les llegó a estos dos hombres y a la mujer. No tenían ni la menor idea de tal paciencia. Estaban rígidos y doloridos; les dolían los músculos, les dolían los huesos, les dolía el corazón; Y a causa de esto se volvieron agudos de hablar, y las palabras duras salían primero de sus labios por la mañana y las últimas por la noche.

Charles y Hal discutían cada vez que Mercedes les daba una oportunidad. Cada uno creía que él hacía más de lo que le correspondía en la obra, y ninguno de los dos se abstuvo de expresar esta creencia en cada oportunidad. A veces Mercedes se ponía del lado de su marido, a veces de su hermano. El resultado fue una hermosa e interminable disputa familiar. A partir de una disputa sobre quién debía cortar unos palos para el fuego (una disputa que sólo concernía a Charles y Hal), pronto serían arrastrados al resto de la familia, padres, madres, tíos, primos, personas a miles de kilómetros de distancia, y algunos de ellos muertos. Que las opiniones de Hal sobre el arte, o el tipo de sociedad que escribió el hermano de su madre, tengan algo que ver con el corte de unos cuantos palos de leña, pasa a la comprensión; sin embargo, era probable que la disputa se dirigiera tanto en esa dirección como en la dirección de los prejuicios políticos de Carlos. Y que la lengua de la hermana de Carlos, portadora de chistes, fuera relevante para la construcción de una hoguera en el Yukón, sólo era evidente para Mercedes, que se descargó de copiosas opiniones sobre ese tema y, de paso, sobre algunos otros rasgos desagradablemente peculiares de la familia de su marido. Mientras tanto, el fuego permanecía sin encender, el campamento a medio montar y los perros sin alimentar.

Mercedes abrigaba un agravio especial: el agravio del sexo. Era bonita y suave, y había sido tratada caballerosamente toda su vida. Pero el trato que recibían su marido y su hermano era todo menos caballeresco. Era su costumbre estar indefensa. Se quejaron. Tras la impugnación de lo que para ella era su prerrogativa sexual más esencial, hizo que sus vidas fueran insoportables. Ya no pensaba en los perros, y como estaba dolorida y cansada, insistía en montar en el trineo. Era bonita y suave, pero pesaba ciento veinte libras, la gota que colmó el vaso de la carga que arrastraban los animales débiles y hambrientos. Cabalgó durante días, hasta que cayeron en las huellas y el trineo se detuvo. Charles y Hal le rogaron que se bajara y caminara, le suplicaron, le suplicaron, mientras ella lloraba e importunaba al cielo con un relato de su brutalidad.

En una ocasión la bajaron del trineo por la fuerza principal. Nunca lo volvieron a hacer. Dejó que sus piernas se aflojaran como una niña mimada y se sentó en el sendero. Siguieron su camino, pero ella no se movió. Después de haber recorrido tres millas, descargaron el trineo, regresaron a por ella y, con la fuerza principal, la volvieron a poner en el trineo.

En el exceso de su propia miseria, eran insensibles al sufrimiento de sus animales. La teoría de Hal, que practicaba con otros, era que uno debe endurecerse. Había comenzado predicándola a su hermana y a su cuñado. Al fracasar allí, se lo clavó a los perros con un garrote. En el Cinco Dedos se acabó la comida para perros, y un viejo y desdentado se ofreció a cambiarles unos cuantos kilos de piel de caballo congelada por el revólver del Colt que le hacía compañía al gran cuchillo de caza en la cadera de Hal. Un pobre sustituto de la comida era esta piel, tal como había sido arrancada de los caballos hambrientos de los ganaderos seis meses antes. En su estado congelado se parecía más a tiras de hierro galvanizado, y cuando un perro luchaba con él en su estómago, se descongelaba en finos y poco nutritivos hilos coriáceos y en una masa de pelo corto, irritante e indigesta.

Y a pesar de todo, Buck se tambaleó a la cabeza del equipo como en una pesadilla. Tiraba cuando podía; Cuando ya no pudo tirar, cayó y permaneció en el suelo hasta que los golpes de látigo o garrote lo hicieron volver a ponerse en pie. Toda la rigidez y el brillo habían desaparecido de su hermoso peludo. El pelo colgaba, lacio y arrastrado, o enmarañado de sangre seca donde el garrote de Hal lo había magullado. Sus músculos se habían consumido hasta convertirse en cuerdas nudosas, y las almohadillas de carne habían desaparecido, de modo que cada costilla y cada hueso de su cuerpo se delineaban limpiamente a través de la piel suelta que se arrugaba en los pliegues del vacío. Era desgarrador, solo el corazón de Buck era inquebrantable. El hombre del suéter rojo lo había demostrado.

Como le pasó a Buck, así fue con sus compañeros. Eran esqueletos ambulantes. Eran siete en total, incluyéndolo a él. En su gran miseria se habían vuelto insensibles a la mordedura del látigo o a la magulladura del garrote. El dolor de la paliza era sordo y distante, así como las cosas que sus ojos veían y sus oídos oían parecían sordas y distantes. No vivían a medias, ni a cuartos. Eran simplemente otros tantos sacos de huesos en los que revoloteaban débilmente chispas de vida. Cuando se detuvieron, cayeron en las huellas como perros muertos, y la chispa se apagó y palideció y pareció apagarse. Y cuando el garrote o el látigo cayeron sobre ellos, la chispa revoloteó débilmente, y se pusieron en pie tambaleándose y siguieron tambaleándose.

Llegó un día en que Billee, el bondadoso, cayó y no pudo levantarse. Hal había cambiado su revólver, así que tomó el hacha y golpeó a Billee en la cabeza mientras yacía en las huellas, luego cortó el cadáver del arnés y lo arrastró hacia un lado. Buck vio, y sus compañeros vieron, y supieron que esta cosa estaba muy cerca de ellos. Al día siguiente, Koona se fue, y sólo quedaron cinco de ellos: Joe, demasiado lejos para ser maligno; Pike, lisiado y cojeando, sólo medio consciente y no lo suficientemente consciente como para fingir; Sol-leks, el tuerto, todavía fiel a la fatiga de la huella y el rastro, y triste por tener tan pocas fuerzas con las que tirar; Teek, que no había viajado tan lejos ese invierno y que ahora estaba más golpeado que los demás porque estaba más fresco; y Buck, todavía a la cabeza del equipo, pero ya sin imponer la disciplina ni esforzarse por hacerla cumplir, ciego de debilidad la mitad del tiempo y manteniendo el rastro por el telar de la misma y por la tenue sensación de sus pies.

Era un hermoso clima primaveral, pero ni los perros ni los humanos eran conscientes de ello. Cada día el sol salía más temprano y se ponía más tarde. Amanecía a las tres de la madrugada y el crepúsculo se prolongaba hasta las nueve de la noche. Todo el largo día fue un resplandor de sol. El fantasmal silencio invernal había dado paso al gran murmullo primaveral del despertar de la vida. Este murmullo se elevó de toda la tierra, cargada de la alegría de vivir. Procedía de las cosas que vivían y se movían de nuevo, cosas que habían estado como muertas y que no se habían movido durante los largos meses de heladas. La savia subía en los pinos. Los sauces y los álamos temblones brotaban en brotes jóvenes. Los arbustos y las enredaderas se vestían de verde fresco. Los grillos cantaban en las noches, y en los días toda clase de cosas que se arrastraban y se arrastraban susurraban al sol. Las perdices y los pájaros carpinteros retumbaban y golpeaban en el bosque. Las ardillas parloteaban, los pájaros cantaban, y en lo alto tocaban la bocina las aves salvajes que llegaban desde el sur en astutas cuñas que partían el aire.

De todas las laderas de las colinas salía el hilo de agua corriente, la música de fuentes invisibles. Todas las cosas se descongelaban, se doblaban, se rompían. El Yukón se esforzaba por soltar el hielo que lo ataba. Comía por debajo; El sol comía desde arriba. Se formaron agujeros de aire, las fisuras brotaron y se extendieron, mientras que delgadas secciones de hielo cayeron al río. Y en medio de todo este estallido, desgarro, palpitación de vida que se despertaba, bajo el sol abrasador y a través de las suaves brisas que suspiraban, como caminantes hacia la muerte, se tambaleaban los dos hombres, la mujer y los huskies.

Con los perros cayendo, Mercedes llorando y cabalgando, Hal maldiciendo inocuamente y los ojos de Charles llorando melancólicamente, entraron tambaleándose en el campamento de John Thornton en la desembocadura del río White. Cuando se detuvieron, los perros cayeron al suelo como si todos hubieran sido golpeados por la muerte. Mercedes se secó los ojos y miró a John Thornton. Carlos se sentó en un tronco para descansar. Se sentó muy despacio y minuciosamente, a pesar de su gran rigidez. Hal fue el que habló. John Thornton estaba ultimando los últimos retoques de un mango de hacha que había hecho con un palo de abedul. Estudiaba y escuchaba, daba respuestas monosilábicas y, cuando se le preguntaba, consejos lacónicos. Conocía la raza y daba sus consejos con la certeza de que no sería seguido.

"Nos dijeron arriba que el fondo se estaba cayendo fuera del sendero y que lo mejor que podíamos hacer era acostarnos", dijo Hal en respuesta a la advertencia de Thornton de no arriesgarse más en el hielo podrido. "Nos dijeron que no podíamos llegar a White River, y aquí estamos". Este último con un tono burlón de triunfo.

—Y te dijeron la verdad —contestó John Thornton—. "Es probable que el fondo se caiga en cualquier momento. Solo los tontos, con la ciega suerte de los tontos, podrían haberlo logrado. Te lo digo sin rodeos, no arriesgaría mi cadáver en ese hielo por todo el oro de Alaska".

—Eso es porque no eres un tonto, supongo —dijo Hal—. De todos modos, iremos a Dawson. Desenrolló su látigo. —¡Levántate, Buck! ¡Hola! ¡Súbete ahí! ¡A por todas!"

Thornton siguió recortando. Sabía que era ocioso interponerse entre un tonto y su locura; mientras que dos o tres tontos más o menos no alterarían el esquema de las cosas.

Pero el equipo no se levantó a la orden. Hacía mucho tiempo que había pasado a la etapa en que se requerían golpes para despertarlo. El látigo relampagueaba, aquí y allá, en sus despiadadas diligencias. John Thornton apretó los labios. Sol-leks fue el primero en ponerse en pie. Teek lo siguió. Joe fue el siguiente, aullando de dolor. Pike hizo dolorosos esfuerzos. Dos veces se cayó, cuando estaba medio arriba, y en el tercer intento logró levantarse. Buck no hizo ningún esfuerzo. Yacía tranquilamente donde había caído. El látigo lo mordió una y otra vez, pero ni gimió ni luchó. Thornton se sobresaltó varias veces, como si fuera a hablar, pero cambió de opinión. Se le humedecieron los ojos y, mientras continuaban los azotes, se levantó y caminó indeciso de un lado a otro.

Esta era la primera vez que Buck fallaba, lo que en sí mismo era una razón suficiente para enfurecer a Hal. Cambió el látigo por el garrote habitual. Buck se negó a moverse bajo la lluvia de golpes más fuertes que ahora caían sobre él. Al igual que sus compañeros, apenas podía levantarse, pero, a diferencia de ellos, había decidido no levantarse. Tenía una vaga sensación de fatalidad inminente. Esto había sido fuerte para él cuando se detuvo en la orilla, y no se había apartado de él. A pesar del hielo fino y podrido que había sentido bajo sus pies durante todo el día, parecía que sentía el desastre cerca, allá adelante, en el hielo donde su amo intentaba conducirlo. Se negó a moverse. Había sufrido tanto, y estaba tan desvanecido, que los golpes no dolían mucho. Y a medida que seguían cayendo sobre él, la chispa de la vida en su interior parpadeó y se apagó. Estaba a punto de salir. Se sentía extrañamente entumecido. Como si estuviera desde una gran distancia, era consciente de que lo estaban golpeando. Las últimas sensaciones de dolor lo abandonaron. Ya no sentía nada, aunque muy débilmente podía oír el impacto del garrote en su cuerpo. Pero ya no era su cuerpo, parecía tan lejano.

Y entonces, de repente, sin previo aviso, lanzando un grito inarticulado y más parecido al grito de un animal, John Thornton se abalanzó sobre el hombre que empuñaba el garrote. Hal fue arrojado hacia atrás, como si lo hubiera golpeado un árbol que cayera. —gritó Mercedes—. Charles miró con nostalgia, se secó los ojos llorosos, pero no se levantó debido a su rigidez.

John Thornton estaba de pie junto a Buck, luchando por controlarse, demasiado convulsionado de rabia para hablar.

—Si vuelves a golpear a ese perro, te mataré —alcanzó a decir al fin con voz ahogada—.

—Es mi perro —respondió Hal, limpiándose la sangre de la boca mientras regresaba—. "Apártate de mi camino, o te arreglaré. Voy a ir a Dawson.

Thornton se interpuso entre él y Buck, y no mostró ninguna intención de apartarse del camino. Hal desenvainó su largo cuchillo de caza. Mercedes gritaba, lloraba, reía y manifestaba el caótico abandono de la histeria. Thornton golpeó los nudillos de Hal con el mango del hacha, tirando el cuchillo al suelo. Volvió a golpear los nudillos mientras intentaba recogerlo. Luego se agachó, lo recogió él mismo y, con dos golpes, cortó las huellas de Buck.

A Hal no le quedaba más repugnancia. Además, tenía las manos llenas con las de su hermana, o más bien con los brazos; mientras que Buck estaba demasiado cerca de la muerte para ser útil para arrastrar el trineo. Unos minutos más tarde se retiraron de la orilla y bajaron por el río. Buck los oyó alejarse y levantó la cabeza para ver que Pike iba a la cabeza, Solleks estaba al volante y entre ellos estaban Joe y Teek. Cojeaban y se tambaleaban. Mercedes iba en el trineo cargado. Hal guió a la pértiga, y Charles se tambaleó en la retaguardia.

Mientras Buck los observaba, Thornton se arrodilló a su lado y con manos ásperas y amables buscó huesos rotos. Para cuando su búsqueda no había revelado nada más que muchos moretones y un estado de terrible inanición, el trineo estaba a un cuarto de milla de distancia. El perro y el hombre lo observaban arrastrándose sobre el hielo. De repente, vieron que su parte trasera caía hacia abajo, como en un surco, y el palo, con Hal aferrado a él, se sacudía en el aire. El grito de Mercedes llegó a sus oídos. Vieron a Charles darse la vuelta y dar un paso para correr de regreso, y luego toda una sección de hielo cedió y los perros y los humanos desaparecieron. Un agujero enorme era todo lo que se veía. El fondo se había desprendido del sendero.

John Thornton y Buck se miraron.

—Pobre diablo —dijo John Thornton, y Buck le lamió la mano—.

Capítulo VI.Por amor de un hombre

Cuando John Thornton se congeló los pies en diciembre anterior, sus compañeros lo habían acomodado y lo dejaron que se recuperara, remontando el río para sacar una balsa de troncos de sierra para Dawson. Todavía cojeaba un poco en el momento en que rescató a Buck, pero con el continuo clima cálido, incluso la ligera cojera lo abandonó. Y allí, tumbado a la orilla del río durante los largos días de primavera, mirando el agua corriente, escuchando perezosamente el canto de los pájaros y el zumbido de la naturaleza, Buck recuperó lentamente sus fuerzas.

Un descanso llega muy bien después de haber viajado tres mil millas, y hay que confesar que Buck se volvió perezoso a medida que sus heridas sanaban, sus músculos se hinchaban y la carne volvía a cubrir sus huesos. De hecho, todos estaban holgazancando, Buck, John Thornton, Skeet y Nig, esperando que llegara la balsa que los llevaría a Dawson. Skeet era una pequeña setter irlandesa que pronto se hizo amiga de Buck, quien, en una condición moribunda, no pudo resentirse de sus primeros avances. Tenía el rasgo de médico que poseen algunos perros; y como una gata lava a sus gatitos, así lavó y limpió las heridas de Buck. Regularmente, cada mañana, después de que él terminara de desayunar, ella realizaba la tarea que ella misma se había asignado, hasta que él venía a buscar sus servicios tanto como los de Thornton. Nig, igualmente amistoso, aunque menos demostrativo, era un enorme perro negro, mitad sabueso y mitad sabueso, con ojos que reían y una bondad sin límites.

Para sorpresa de Buck, estos perros no manifestaron celos hacia él. Parecían compartir la bondad y la grandeza de John Thornton. A medida que Buck se hacía más fuerte, lo atraían a toda clase de juegos ridículos, en los que el propio Thornton no podía resistirse a participar; y de esta manera Buck atravesó su convalecencia y entró en una nueva existencia. El amor, el amor genuino y apasionado, fue suyo por primera vez. Esto nunca lo había experimentado en la casa del juez Miller, en el soleado valle de Santa Clara. Con los hijos del Juez, la caza y el vagabundeo, había sido una sociedad de trabajo; con los nietos del Juez, una especie de tutela pomposa; y con el propio Juez, una amistad señorial y digna. Pero el amor que era febril y ardiente, que era adoración, que era locura, había necesitado John Thornton para despertarlo.

Este hombre le había salvado la vida, que era algo; Pero, además, era el maestro ideal. Otros hombres velaban por el bienestar de sus perros por un sentido del deber y la conveniencia de los negocios; Se ocupaba de su bienestar como si fueran sus propios hijos, porque no podía evitarlo. Y vio más allá. Nunca olvidaba un saludo amable o una palabra de aliento, y sentarse a charlar largamente con ellos («gas», lo llamaba) era tanto su deleite como el de ellos. Tenía una manera de tomar bruscamente la cabeza de Buck entre sus manos, y apoyar su propia cabeza sobre la de Buck, sacudiéndolo de un lado a otro, mientras lo insultaba con nombres infames que para Buck eran nombres de amor. Buck no conocía mayor alegría que aquel áspero abrazo y el sonido de juramentos murmurados, y a cada sacudida de un lado a otro parecía que su corazón iba a ser sacudido fuera de su cuerpo, tan grande era su éxtasis. Y cuando, liberado, se ponía en pie de un salto, con la boca riendo, los ojos elocuentes, la garganta vibrante con un sonido no pronunciado, y de esa manera permanecía sin moverse, John Thornton exclamaba reverentemente: «¡Dios! ¡Puedes hablar de todo!"

Buck tenía un truco de expresión de amor que era similar al dolor. A menudo agarraba la mano de Thornton en su boca y la cerraba tan ferozmente que la carne llevaba la impresión de sus dientes durante algún tiempo. Y así como Buck entendió que los juramentos eran palabras de amor, el hombre comprendió este mordisco fingido por una caricia.

En su mayor parte, sin embargo, el amor de Buck se expresaba en adoración. Aunque enloquecía de felicidad cuando Thornton lo tocaba o le hablaba, no buscaba estas señales. A diferencia de Skeet, que solía meter la nariz bajo la mano de Thornton y empujar y empujar hasta que la acariciaban, o Nig, que se acercaba y apoyaba su gran cabeza en la rodilla de Thornton, Buck se contentaba con adorar a distancia. Permanecía tumbado cada hora, ansioso, alerta, a los pies de Thornton, mirándole a la cara, meditando en ella, estudiándola, siguiendo con el más vivo interés cada expresión fugaz, cada movimiento o cambio de rasgo. O, por casualidad, se acostaba más lejos, a un lado o hacia atrás, observando los contornos del hombre y los movimientos ocasionales de su cuerpo. Y a menudo, tal era la comunión en la que vivían, que la fuerza de la mirada de Buck atraía la cabeza de John Thornton, y él le devolvía la mirada, sin hablar, con el corazón brillando en sus ojos como el corazón de Buck brillaba.

Durante mucho tiempo después de su rescate, a Buck no le gustó que Thornton se perdiera de vista. Desde el momento en que abandonó la tienda hasta que volvió a entrar en ella, Buck le seguía los talones. Sus amos transitorios desde que había llegado a las Tierras del Norte habían engendrado en él el temor de que ningún amo pudiera ser permanente. Tenía miedo de que Thornton desapareciera de su vida como Perrault, François y el mestizo escocés se habían desmayado. Incluso en la noche, en sus sueños, estaba obsesionado por este miedo. En esos momentos se sacudía el sueño y se arrastraba a través del frío hasta la puerta de la tienda, donde se quedaba de pie y escuchaba el sonido de la respiración de su amo.

Pero a pesar de este gran amor que profesaba por John Thornton, que parecía denotar la suave influencia civilizadora, la tensión de lo primitivo que las tierras del norte habían despertado en él, permanecía viva y activa. La fidelidad y la devoción, cosas nacidas del fuego y del techo, eran suyas; Sin embargo, conservaba su salvajismo y su astucia. Era una cosa salvaje, venida de la naturaleza para sentarse junto al fuego de John Thornton, en lugar de un perro de las suaves tierras del sur con las marcas de generaciones de civilización. A causa de su gran amor, no podía robar a este hombre, pero a cualquier otro hombre, en cualquier otro campo, no vaciló un instante; mientras que la astucia con la que robaba le permitió escapar a la detección.

Su cara y su cuerpo estaban marcados por los dientes de muchos perros, y luchó tan ferozmente como siempre y con más astucia. Skeet y Nig eran demasiado bondadosos para discutir, además, pertenecían a John Thornton; pero el extraño perro, sin importar la raza o el valor, reconocía rápidamente la supremacía de Buck o se encontraba luchando por la vida con un terrible antagonista. Y Buck fue despiadado. Había aprendido bien la ley del garrote y el colmillo, y nunca renunciaba a una ventaja ni se retiraba de un enemigo que había iniciado en el camino hacia la Muerte. Había aprendido lecciones de Spitz y de los principales perros de pelea de la policía y el correo, y sabía que no había término medio. Debe dominar o ser dominado; mientras que mostrar misericordia era una debilidad. La misericordia no existía en la vida primordial. Fue malinterpretado por miedo, y tales malentendidos provocaron la muerte. Matar o ser asesinado, comer o ser comido, era la ley; y este mandato, desde las profundidades del Tiempo, obedeció.

Era más viejo que los días que había visto y que las respiraciones que había exhalado. Vinculó el pasado con el presente, y la eternidad detrás de él palpitaba a través de él en un ritmo poderoso al que se balanceaba como las mareas y las estaciones. Estaba sentado junto a la chimenea de

John Thornton, un perro de pecho ancho, de colmillos blancos y pelo largo; pero detrás de él se veían las sombras de toda clase de perros, semilobos y lobos salvajes, apremiantes e incitantes, saboreando el sabor de la carne que comía, sediento del agua que bebía, olfateando el viento con él, escuchando con él y diciéndole los sonidos que hacía la vida salvaje en el bosque, dictando sus estados de ánimo, dirigiendo sus acciones, acostándose a dormir con él cuando se acostaba, y soñando con él y más allá de él y convirtiéndose ellos mismos en la materia de sus sueños.

Tan perentoriamente le llamaban estas sombras, que cada día la humanidad y las exigencias de la humanidad se alejaban más de él. En lo profundo del bosque sonaba una llamada, y cada vez que escuchaba esta llamada, misteriosamente emocionante y seductora, se sentía obligado a dar la espalda al fuego y a la tierra batida que lo rodeaba, y a sumergirse en el bosque, y así sucesivamente, sin saber dónde ni por qué; Tampoco se preguntó dónde ni por qué, la llamada sonaba imperiosamente, en lo profundo del bosque. Pero cada vez que ganaba la tierra blanda e ininterrumpida y la sombra verde, el amor por John Thornton lo atraía de nuevo al fuego.

Sólo Thornton lo sostenía. El resto de la humanidad era como nada. Los viajeros casuales podían alabarlo o acariciarlo; Pero a pesar de todo, él era frío a pesar de todo, y de un hombre demasiado demostrativo se levantaba y se alejaba. Cuando los compañeros de Thornton, Hans y Pete, llegaron en la balsa tan esperada, Buck se negó a notarlos hasta que se enteró de que estaban cerca de Thornton; Después de eso, los toleró de una manera pasiva, aceptando favores de ellos como si los favoreciera al aceptar. Eran del mismo tipo grande que Thornton, vivían cerca de la tierra, pensaban con sencillez y veían con claridad; y antes de que lanzaran la balsa al gran remolino junto al aserradero de Dawson, comprendían a Buck y sus costumbres, y no insistían en una intimidad como la que se obtenía con Skeet y Nig.

Para Thornton, sin embargo, su amor parecía crecer y crecer. Él, el único entre los hombres, podía poner una mochila en la espalda de Buck en los viajes de verano. Nada era demasiado grande para que Buck lo hiciera, cuando Thornton lo ordenó. Un día (se habían esforzado por las ganancias de la balsa y habían dejado Dawson para dirigirse a la cabecera del Tanana) los hombres y los perros estaban sentados en la cresta de un acantilado que caía, en línea recta, hasta un lecho de roca desnudo a trescientos pies de profundidad. John Thornton estaba sentado cerca del borde, con Buck en su hombro. Un capricho irreflexivo se apoderó de Thornton, y atrajo la atención de Hans y Pete hacia el experimento que tenía en mente. —¡Salta, Buck! —ordenó, extendiendo el brazo por encima del abismo—. Al instante siguiente estaba forcejeando con Buck en el extremo del abismo, mientras Hans y Pete los arrastraban de vuelta a un lugar seguro.

—Es extraño —dijo Pete, después de que terminó y ya habían captado el discurso—.

Thornton negó con la cabeza. "No, es espléndido, y también es terrible. ¿Sabes?, a veces me da miedo".

— No estoy deseando ser el hombre que te ponga las manos encima mientras él esté por aquí —anunció Pete de manera concluyente, asintiendo con la cabeza hacia Buck—.

"¡Py Jingo!" fue la contribución de Hans. —A mí tampoco tampoco.

Fue en Circle City, antes de que terminara el año, donde las aprensiones de Pete se hicieron realidad. «Black» Burton, un hombre malhumorado y malicioso, había estado discutiendo con un tierno en el bar, cuando Thornton se interpuso amablemente. Buck, como era su costumbre, estaba tumbado en un rincón, con la cabeza apoyada en las patas, observando cada acción de su amo. Burton golpeó, sin previo aviso, directamente desde el hombro. Thornton fue lanzado a girar, y se salvó de caer solo agarrándose a la barandilla de la barra.

Los que miraban oyeron lo que no era ni un ladrido ni un aullido, sino algo que se describe mejor como un rugido, y vieron el cuerpo de Buck elevarse en el aire mientras dejaba el suelo para dirigirse a la garganta de Burton. El hombre salvó su vida al lanzar instintivamente su brazo, pero fue arrojado hacia atrás al suelo con Buck encima de él. Buck soltó los dientes de la carne del brazo y se dirigió de nuevo a la garganta. Esta vez, el hombre solo logró bloquear parcialmente, y su garganta se abrió. Entonces la muchedumbre se abalanzó sobre Buck, y fue expulsado; Pero mientras un cirujano controlaba la hemorragia, merodeaba de un lado a otro, gruñendo furiosamente, tratando de apresurarse y siendo obligado a retroceder por una serie de garrotes hostiles. Una "reunión de mineros", convocada en el acto, decidió que el perro tenía suficiente provocación, y Buck fue dado de baja. Pero su reputación estaba hecha, y desde ese día su nombre se extendió por todos los campamentos de Alaska.

Más tarde, en el otoño de ese año, salvó la vida de John Thornton de una manera muy diferente. Los tres socios se alineaban en un largo y estrecho bote de caña por un mal tramo de rápidos en el arroyo de las Cuarenta Millas. Hans y Pete se movían a lo largo de la orilla, desairando con una delgada cuerda de Manila de árbol en árbol, mientras Thornton permanecía en el bote, ayudando a su descenso por medio de un palo y gritando direcciones hacia la orilla. Buck, en la orilla, preocupado y ansioso, se mantenía al tanto del bote, sin apartar los ojos de su amo.

En un lugar particularmente malo, donde un saliente de rocas apenas sumergidas se adentraba en el río, Hans soltó la cuerda y, mientras Thornton arrastraba el bote hacia la corriente, corrió por la orilla con el extremo en la mano para desairar el bote cuando hubiera despejado la cornisa. Así lo hizo, y volaba río abajo en una corriente tan rápida como la carrera de un molino, cuando Hans lo detuvo con la cuerda y lo hizo demasiado de repente. El bote coqueteó y se hundió en la orilla de abajo hacia arriba, mientras que Thornton, arrojado fuera de él, fue arrastrado río abajo hacia la peor parte de los rápidos, un tramo de agua salvaje en el que ningún nadador podía vivir.

Buck había aparecido al instante; y al cabo de trescientas yardas, en medio de un loco remolino de agua, revisó a Thornton. Cuando sintió que le agarraba la cola, Buck se dirigió a la orilla, nadando con todas sus espléndidas fuerzas. Pero el progreso hacia la costa fue lento; el progreso río abajo es asombrosamente rápido. Desde abajo llegaba el rugido fatal donde la corriente salvaje se volvía más salvaje y era desgarrada en jirones y rocío por las rocas que se abrían paso como los dientes de un enorme peine. El succionar del agua al comienzo de la última pendiente empinada era espantoso, y Thornton supo que la orilla era imposible. Raspó furiosamente una roca, magulló una segunda y golpeó una tercera con una fuerza aplastante. Agarró la resbaladiza parte superior con ambas manos, soltando a Buck y, por encima del rugido del agua agitada, gritó:
—¡Vamos, Buck! ¡Vamos!"

Buck no pudo defenderse y siguió río abajo, luchando desesperadamente, pero incapaz de recuperarse. Cuando oyó repetir la orden de Thornton, se irguió parcialmente fuera del agua, levantando la cabeza, como si fuera a echar un último vistazo, y luego se volvió obedientemente hacia la orilla. Nadó poderosamente y fue arrastrado a la orilla por Pete y Hans en el mismo punto donde la natación dejó de ser posible y comenzó la destrucción.

Sabían que el tiempo en que un hombre podía aferrarse a una roca resbaladiza frente a esa corriente impetuosa era cuestión de minutos, y corrieron tan rápido como pudieron por la orilla hasta un punto muy por encima de donde Thornton se aferraba. Ataron el cabo con el que habían estado desairando el bote al cuello y a los hombros de Buck, teniendo cuidado de que no lo estrangulara ni le impidiera nadar, y lo lanzaron a la corriente. Se lanzó con valentía, pero no lo suficientemente directo a la corriente. Descubrió el error demasiado tarde, cuando Thornton estaba frente a él y a media docena de golpes de distancia mientras lo llevaban impotente.

Hans se apresuró a desairar con la cuerda, como si Buck fuera un barco. La cuerda se tensó así sobre él en el barrido de la corriente, fue empujado bajo la superficie, y bajo la superficie permaneció hasta que su cuerpo golpeó contra la orilla y fue arrastrado fuera. Estaba medio ahogado, y Hans y Pete se arrojaron sobre él, golpeándole el aliento y sacándole el agua. Se puso en pie tambaleándose y cayó. El débil sonido de la voz de Thornton llegó hasta ellos, y aunque no pudieron entender las palabras, supieron que estaba en su extremo. La voz de su amo actuó sobre Buck como una descarga eléctrica. Se puso en pie de un salto y corrió por la orilla delante de los hombres hasta el punto de su anterior partida.

De nuevo se ató la cuerda y fue lanzado, y de nuevo golpeó, pero esta vez directamente a la corriente. Había calculado mal una vez, pero no sería culpable de ello una segunda vez. Hans extendió la cuerda, sin permitir que se aflojara, mientras Pete la mantenía alejada de las bobinas. Buck aguantó hasta que estuvo en una línea recta por encima de Thornton; Luego se dio la vuelta y, con la velocidad de un tren expreso, se dirigió hacia él. Thornton lo vio venir y, cuando Buck lo golpeó como un ariete, con toda la fuerza de la corriente a sus espaldas, estiró la mano y la cerró con ambos brazos alrededor del cuello desgreñado. Hans desairó la cuerda alrededor del árbol, y Buck y Thornton fueron arrastrados bajo el agua. Estrangulando, asfixiándose, a veces por arriba y a veces por la otra, arrastrándose por el fondo dentado, estrellándose contra rocas y obstáculos, se desviaron hacia la orilla.

Thornton volvió en sí, con el vientre hacia abajo y siendo impulsado violentamente de un lado a otro a través de un tronco a la deriva por Hans y Pete. Su primera mirada fue para Buck, sobre cuyo cuerpo inerte y aparentemente sin vida Nig lanzaba un aullido, mientras Skeet lamía la cara mojada y los ojos cerrados. Thornton estaba magullado y maltratado, y examinó cuidadosamente el cuerpo de Buck, cuando lo trajeron en sí, encontrando tres costillas rotas.

"Eso lo resuelve", anunció. "Acampamos aquí mismo". Y así lo hicieron, hasta que las costillas de Buck se tejieron y pudo viajar.

Ese invierno, en Dawson, Buck realizó otra hazaña, tal vez no tan heroica, pero que puso su nombre muchos escalones más arriba en el tótem de la fama de Alaska. Esta hazaña fue particularmente gratificante para los tres hombres; porque necesitaban el equipo que les proporcionaba, y estaban capacitados para hacer un viaje largamente deseado al virgen Oriente, donde aún no habían aparecido los mineros. Fue provocada por una conversación en el Salón Eldorado, en la que los hombres se jactaban de sus perros favoritos. Buck, debido a su historial, era el objetivo de estos hombres, y Thornton se vio obligado a defenderlo con firmeza. Al cabo de media hora, un hombre declaró que su perro podía arrancar un trineo con quinientas libras y marcharse con él; un segundo se jactaba de seiscientos por su perro; y una tercera, setecientas.

"¡Vaya! -exclamó John Thornton-; "Buck puede empezar con mil libras".

—¿Y sacarlo? ¿Y te vas con él cien yardas? -preguntó Matthewson, un Rey de Bonanza, el de la fanfarronería de setecientos.

—Y sácalo y anda con él unos cien metros —dijo John Thornton con frialdad—.

—Bueno —dijo Matthewson, lenta y deliberadamente, para que todos pudieran oírlo—, tengo mil dólares que dicen que no puede. Y ahí está". Diciendo esto, golpeó la barra un saco de polvo de oro del tamaño de una salchicha de mortadela.

Nadie habló. El farol de Thornton, si es que lo era, había sido cantado. Podía sentir un rubor de sangre caliente subiendo por su rostro. Su lengua lo había engañado. No sabía si Buck podría empezar con mil libras. ¡Media tonelada! Su enormidad le horrorizaba. Tenía una gran fe en la fuerza de Buck y a menudo lo había creído capaz de iniciar semejante carga; Pero nunca, como ahora, se había enfrentado a la posibilidad de ello, con los ojos de una docena de hombres fijos en él, silenciosos y esperando. Además, no tenía mil dólares; ni Hans ni Pete.

—Ahora tengo un trineo parado fuera, con sacos de harina de veinticincuenta libras —prosiguió Matthewson con brutal franqueza—; "Así que no dejes que eso te estorbe".

Thornton no respondió. No supo qué decir. Miró de un lado a otro con la ausencia de un hombre que ha perdido el poder del pensamiento y está buscando en algún lugar la cosa que lo pondrá en marcha de nuevo. El rostro de Jim O'Brien, un Rey Mastodonte y viejo camarada, llamó su atención. Era como una señal para él, que parecía despertarlo para hacer lo que nunca habría soñado hacer.

—¿Me puedes prestar mil? —preguntó, casi en un susurro.

—Claro —respondió O'Brien, golpeando un saco pletórico que había al lado del de Matthewson—. —Aunque tengo poca fe, John, en que la bestia pueda hacer el truco.

El Eldorado vació a sus ocupantes en la calle para ver la prueba. Las mesas estaban desiertas, y los crupieres y guardabosques salieron a ver el resultado de la apuesta y a poner probabilidades. Varios centenares de hombres, engalanados con manoplas y guantes, rodeaban el trineo a poca distancia. El trineo de Matthewson, cargado con mil libras de harina, había estado parado durante un par de horas, y en el intenso frío (hacía sesenta grados bajo cero) los corredores se habían congelado rápidamente en la nieve compacta. Los hombres ofrecían probabilidades de dos a uno de que Buck no pudiera mover el trineo. Surgió una objeción con respecto a la frase "estallar". O'Brien sostuvo que era privilegio de Thornton soltar a los corredores, dejando a Buck para "salir" de un punto muerto. Matthewson insistió en que la frase incluía romper a los corredores de las garras congeladas de la nieve. La mayoría de los hombres que habían presenciado la realización de la apuesta decidieron a su favor, por lo que las probabilidades subieron a tres a uno en contra de Buck.

No hubo compradores. Ni un solo hombre lo creyó capaz de la hazaña. Thornton se había apresurado a entrar en la apuesta, cargado de dudas; Y ahora que miraba el trineo mismo, el hecho concreto, con el equipo regular de diez perros acurrucados en la nieve frente a él, más imposible parecía la tarea. Matthewson se puso a llorar de júbilo.

"¡Tres a uno!", exclamó. —Te pondré otros mil por esa cifra, Thornton. ¿Qué dices?

La duda de Thornton era fuerte en su rostro, pero su espíritu de lucha se despertó, el espíritu de lucha que se eleva por encima de las adversidades, no reconoce lo imposible y es sordo a todo excepto al clamor de batalla. Llamó a Hans y a Pete. Sus sacos eran delgados, y con el suyo los tres socios sólo podían juntar doscientos dólares. En el reflujo de sus fortunas, esta suma era su capital total; sin embargo, lo colocaron sin vacilar contra los seiscientos de Matthewson.

El equipo de diez perros fue desenganchado, y Buck, con su propio arnés, fue puesto en el trineo. Había contagiado la emoción, y sintió que, de alguna manera, debía hacer algo grande por John Thornton. Se elevaron murmullos de admiración por su espléndido aspecto. Estaba en perfectas condiciones, sin un gramo de carne superflua, y las ciento cincuenta libras que pesaba eran otras tantas kilas de coraje y virilidad. Su peludo abrigo brillaba con el brillo de la seda. A lo largo del cuello y sobre los hombros, su melena, en reposo como estaba, se erizó a medias y pareció levantarse con cada movimiento, como si el exceso de vigor hiciera que cada cabello en particular estuviera vivo y activo. El gran pecho y las pesadas patas delanteras no estaban más que en proporción con el resto del cuerpo, donde los músculos se mostraban en apretados rollos debajo de la piel. Los hombres palparon estos músculos y los proclamaron duros como el hierro, y las probabilidades se redujeron a dos a uno.

—¡Vaya, señor! ¡Vaya, señor! —tartamudeó un miembro de la última dinastía, un rey de los Bancos Skookum—. —Le ofrezco ochocientos por él, señor, antes de la prueba, señor; ochocientos, tal como él está.

Thornton negó con la cabeza y se acercó a Buck.

—Debes apartarte de él —protestó Matthewson—. "Juego libre y mucho espacio".

La muchedumbre enmudeció; Sólo se oían las voces de los jugadores que en vano ofrecían dos a uno. Todo el mundo reconocía que Buck era un animal magnífico, pero veinticinco sacos de harina de cincuenta libras eran demasiado grandes a sus ojos para que pudieran aflojar las cuerdas de la bolsa.

Thornton se arrodilló al lado de Buck. Tomó su cabeza entre sus dos manos y descansó mejilla con mejilla. No lo sacudía juguetonamente, como era su costumbre, ni murmuraba suaves maldiciones de amor; Pero él le susurró al oído. —Como me quieres, Buck. Como me amas", fue lo que susurró. Buck gimió con ansiedad contenida.

La multitud observaba con curiosidad. El asunto se estaba volviendo misterioso. Parecía un conjuro. Cuando Thornton se puso en pie, Buck le cogió la mano enguantada entre las mandíbulas, apretándola con los dientes y soltándola lentamente, medio a regañadientes. Era la respuesta, en términos, no de palabra, sino de amor. Thornton dio un paso atrás.

—Ahora, Buck —dijo—.

Buck ajustó los trazos y luego los aflojó unos centímetros. Era la forma en que había aprendido.

"¡Caramba!" La voz de Thornton resonó, aguda en el tenso silencio.

Buck giró hacia la derecha, poniendo fin al movimiento en una zambullida que tomó el relevo y con un súbito tirón detuvo sus ciento cincuenta libras. La carga tembló, y de debajo de los corredores surgió un crujido nítido.

"¡Ajá!" —ordenó Thornton—.

Buck repitió la maniobra, esta vez a la izquierda. El crujido se convirtió en un chasquido, el trineo giró y los patines resbalaron y chirriaron varios centímetros hacia un lado. El trineo se rompió. Los hombres contenían la respiración, intensamente inconscientes del hecho.

"¡Ahora, MUSH!"

La orden de Thornton resonó como un disparo de pistola. Buck se lanzó hacia delante, apretando las huellas con una embestida discordante. Todo su cuerpo estaba recogido compactamente en el tremendo esfuerzo, los músculos se retorcían y anudaban como seres vivos bajo el pelaje sedoso. Su gran pecho estaba pegado al suelo, su cabeza hacia adelante y hacia abajo, mientras sus pies volaban como locos, las garras marcando la nieve compacta en surcos paralelos. El trineo se balanceaba y temblaba, a medio arrancar hacia adelante. Uno de sus pies resbaló y un hombre gimió en voz alta. Entonces el trineo avanzó dando tumbos en lo que parecía una rápida sucesión de tirones, aunque nunca volvió a detenerse en seco... media pulgada... una pulgada... dos pulgadas... Los tirones disminuyeron perceptiblemente; A medida que el trineo ganaba impulso, los alcanzó, hasta que se movió con paso firme.

Los hombres jadearon y comenzaron a respirar de nuevo, sin darse cuenta de que por un momento habían dejado de respirar. Thornton corría detrás, animando a Buck con palabras cortas y alegres. La distancia había sido medida, y a medida que se acercaba al montón de leña que marcaba el final de los cien metros, una ovación comenzó a crecer y crecer, que estalló en un rugido cuando pasó junto a la leña y se detuvo a la orden.

Todos los hombres se estaban desatando, incluso Matthewson. Sombreros y manoplas volaban en el aire. Los hombres se daban la mano, no importaba con quién, y burbujeaban en una babel general incoherente.

Pero Thornton cayó de rodillas junto a Buck. Cabeza contra cabeza, y lo sacudía de un lado a otro. Los que se apresuraron a llegar le oyeron maldecir a Buck, y él lo maldijo larga y fervientemente, suave y amorosamente.

—¡Vaya, señor! ¡Vaya, señor! —farfulló el rey del Banco Skookum—. —Le daré mil por él, señor, mil, señor, mil doscientos, señor.

Thornton se puso en pie. Tenía los ojos húmedos. Las lágrimas corrían francamente por sus mejillas. —Señor —le dijo al rey del banco Skookum—, no, señor. Puede usted irse al infierno, señor. Es lo mejor que puedo hacer por usted, señor.

Buck agarró la mano de Thornton entre los dientes. Thornton lo sacudió de un lado a otro. Como animados por un impulso común, los espectadores se retiraron a una distancia respetuosa; Tampoco volvieron a ser lo suficientemente indiscretos como para interrumpir.

Capítulo VII.El sonido de la llamada

Cuando Buck ganó mil seiscientos dólares en cinco minutos para John Thornton, hizo posible que su amo pagara ciertas deudas y viajara con sus socios al Este después de una legendaria mina perdida, cuya historia era tan antigua como la historia del país. Muchos hombres la habían buscado; pocos lo habían encontrado; Y no eran pocos los que nunca habían regresado de la búsqueda. Esta mina perdida estaba llena de tragedia y envuelta en misterio. Nadie conocía al primer hombre. La tradición más antigua se detuvo antes de que volviera a él. Desde el principio había habido una cabaña antigua y destartalada. Hombres moribundos habían jurado por él, y por la mina cuyo emplazamiento marcaba, reforzando su testimonio con pepitas que no se parecían a ningún otro grado de oro conocido en las tierras del norte.

Pero ningún hombre vivo había saqueado esta casa del tesoro, y los muertos estaban muertos; por lo tanto, John Thornton, Pete y Hans, con Buck y media docena de otros perros, se dirigieron hacia el Este por un sendero desconocido para llegar a donde hombres y perros tan buenos como ellos habían fracasado. Recorrieron setenta millas en trineo por el Yukón, giraron a la izquierda hacia el río Stewart, pasaron el Mayo y el McQuestion, y se mantuvieron hasta que el Stewart mismo se convirtió en un arroyo, enhebrando los picos erguidos que marcaban la columna vertebral del continente.

John Thornton pedía poco al hombre o a la naturaleza. No le tenía miedo a la naturaleza. Con un puñado de sal y un rifle podía sumergirse en el desierto y arreglárselas donde quisiera y durante el tiempo que quisiera. Como no tenía prisa, a la manera de los indios, buscó su cena en el curso del viaje del día; y si no la hallaba, como el indio, seguía viajando, seguro de que tarde o temprano llegaría a ella. Así, en este gran viaje a Oriente, la carne pura era la cuenta del pasaje, las municiones y las herramientas componían principalmente la carga del trineo, y la tarjeta del tiempo se dibujaba sobre el futuro ilimitado.

Para Buck era un deleite sin límites, la caza, la pesca y el vagar indefinido por lugares extraños. Durante semanas seguidas se mantenían firmes, día tras día; Y durante semanas y semanas acampaban, aquí y allá, con los perros holgazaneando y los hombres quemando agujeros a través del lodo y la grava congelados y lavando innumerables cacerolas de tierra con el calor del fuego. A veces pasaban hambre, a veces festejaban desenfrenadamente, todo de acuerdo con la abundancia de caza y la fortuna de la caza. Llegó el verano, y los perros y los hombres se echaron a la espalda, navegaron en balsa por los lagos azules de las montañas y descendieron o ascendieron por ríos desconocidos en delgados botes azotados desde el bosque en pie.

Los meses iban y venían, y de un lado a otro se retorcían a través de la inmensidad inexplorada, donde no había hombres y, sin embargo, donde los hombres habían estado si la Cabaña Perdida era cierta. Cruzaban las divisiones en las ventiscas de verano, temblaban bajo el sol de medianoche en las montañas desnudas entre la línea de bosques y las nieves eternas, se dejaban caer en los valles de verano en medio de enjambres de mosquitos y moscas, y en las sombras de los glaciares recogían fresas y flores tan maduras y hermosas como cualquiera de las tierras del sur podían presumir. En el otoño del año penetraron en una extraña región lacustre, triste y silenciosa, donde había habido aves silvestres, pero donde entonces no había vida ni señales de vida, solo el soplo de vientos fríos, la formación de hielo en lugares protegidos y el melancólico ondular de las olas en playas solitarias.

Y durante otro invierno vagaron por los senderos borrados de los hombres que les habían precedido. Una vez, se encontraron con un sendero que atravesaba el bosque, un camino antiguo, y la Cabaña Perdida parecía estar muy cerca. Pero el camino no comenzaba en ninguna parte y no terminaba en ninguna parte, y seguía siendo un misterio, ya que el hombre que lo hizo y la razón por la que lo hizo seguían siendo misterio. En otra ocasión se toparon por casualidad con los restos de un pabellón de caza, y entre los jirones de mantas podridas, John Thornton encontró una cerradura de pedernal de cañón largo. Lo sabía por un cañón de la Compañía de la Bahía de Hudson de los días jóvenes en el Noroeste, cuando un cañón así valía su altura en pieles de castor empaquetadas en plano, y eso era todo, ninguna pista sobre el hombre que en un día temprano había levantado la cabaña y dejado el arma entre las mantas.

Llegó de nuevo la primavera, y al final de todo su vagabundeo no encontraron la Cabaña Perdida, sino un lugar poco profundo en un amplio valle donde el oro se mostraba como mantequilla amarilla en el fondo de la cacerola. No buscaron más allá. Cada día que trabajaban les generaba miles de dólares en polvo limpio y pepitas, y trabajaban todos los días. El oro se saqueaba en bolsas de piel de alce, cincuenta libras por bolsa, y se amontonaba como leña fuera de la cabaña de ramas de abeto. Trabajaban como gigantes, días que pasaban tras días como sueños mientras acumulaban el tesoro.

Los perros no tenían nada que hacer, salvo acarrear de vez en cuando la carne que Thornton mataba, y Buck pasaba largas horas meditando junto al fuego. La visión del hombre peludo de patas cortas le llegaba con más frecuencia, ahora que había poco trabajo por hacer; y a menudo, parpadeando junto al fuego, Buck vagaba con él en ese otro mundo que recordaba.

Lo sobresaliente de este otro mundo parecía el miedo. Cuando observó al hombre peludo que dormía junto al fuego, con la cabeza entre las rodillas y las manos entrelazadas hacia arriba, Buck vio que dormía inquieto, con muchos sobresaltos y despertares, en los que miraba temeroso en la oscuridad y arrojaba más leña al fuego. Caminaban por la playa de un mar, donde el hombre peludo recogía mariscos y se los comía a medida que los recogía, lo hacían con ojos que vagaban por todas partes en busca de peligros ocultos y con las piernas preparadas para correr como el viento a la primera aparición. A través del bosque se arrastraron sin hacer ruido, con Buck pisándole los talones al hombre peludo; y estaban alerta y vigilantes, los dos, con las orejas temblando y moviéndose y las fosas nasales temblando, porque el hombre oía y olía tan intensamente como Buck. El hombre peludo podía saltar a los árboles y avanzar tan rápido como en el suelo, balanceándose por los brazos de rama a extremidad, a veces a una docena de pies de distancia, soltándose y atrapándose, sin caerse nunca, sin perder nunca su agarre. De hecho, parecía sentirse tan a gusto entre los árboles como en el suelo; y Buck tenía recuerdos de noches de vigilia pasadas bajo los árboles en las que el hombre peludo se posaba, agarrándose con fuerza mientras dormía.

Y muy parecida a las visiones del hombre peludo estaba la llamada que aún resonaba en las profundidades del bosque. Lo llenó de una gran inquietud y de extraños deseos. Le hizo sentir una vaga y dulce alegría, y se dio cuenta de salvajes anhelos y agitaciones porque no sabía qué. A veces perseguía la llamada por el bosque, buscándola como si fuera algo tangible, ladrando suave o desafiantemente, según lo dictara el estado de ánimo. Metía la nariz en el fresco musgo del bosque, o en la tierra negra donde crecían largas hierbas, y resoplaba de alegría ante los olores de la tierra gorda; O se agachaba durante horas, como si estuviera oculto, detrás de los troncos cubiertos de hongos de los árboles caídos, con los ojos muy abiertos y las orejas muy abiertas a todo lo que se movía y sonaba a su alrededor. Podría ser, mintiendo así, que esperaba sorprender esta llamada que no podía entender. Pero él no sabía por qué hacía estas cosas. Se sintió impelido a hacerlas, y no razonó sobre ellas en absoluto.

Impulsos irresistibles se apoderaron de él. Estaba acostado en el campamento, dormitando perezosamente en el calor del día, cuando de repente su cabeza se levantaba y sus oídos se levantaban, atento y escuchando, y se ponía en pie de un salto y se alejaba corriendo, y así sucesivamente, durante horas, a través de los pasillos del bosque y a través de los espacios abiertos donde se agrupaban los negros. Le encantaba correr por los cursos de agua secos, y arrastrarse y espiar la vida de las aves en el bosque. Durante un día se tumbaba en la maleza, donde podía observar a las perdices tamborileando y pavoneándose de un lado a otro. Pero, sobre todo, le gustaba correr en la penumbra del crepúsculo de las medianoches de verano, escuchando los murmullos apagados y somnolientos del bosque, leyendo signos y sonidos como el hombre puede leer un libro, y buscando el algo misterioso que llamaba, llamaba, despierto o dormido, en todo momento, para que él llegara.

Una noche saltó del sueño sobresaltado, con los ojos ansiosos, las fosas nasales temblorosas y olfateantes, la melena erizada en ondas recurrentes. Del bosque llegó la llamada (o una nota de ella, porque la llamada fue notada por muchos), clara y definida como nunca antes, un aullido prolongado, semejante, pero no diferente, a cualquier ruido hecho por un perro husky. Y lo sabía, a la antigua usanza familiar, como un sonido oído antes. Saltó a través del campamento dormido y en un rápido silencio corrió a través del bosque. A medida que se acercaba al grito, iba más despacio, con precaución en cada movimiento, hasta que llegó a un lugar abierto entre los árboles, y al mirar hacia afuera vio, erguido sobre las ancas, con la nariz apuntando al cielo, a un lobo largo y delgado de madera.

No había hecho ruido, pero cesó de sus aullidos y trató de sentir su presencia. Buck se acercó a campo abierto, medio agachado, con el cuerpo recogido compactamente, la cola recta y rígida, los pies cayendo con un cuidado inusitado. Todos los movimientos anunciados mezclaban amenazas y insinuaciones de amabilidad. Era la tregua amenazante que marca el encuentro de las bestias salvajes que cazan. Pero el lobo huyó al verlo. Lo siguió, con saltos salvajes, en un frenesí por adelantar. Lo atropelló hasta un canal sin salida, en el lecho del arroyo, donde un atasco de madera le cerraba el paso. El lobo giraba de un lado a otro, girando sobre sus patas traseras a la manera de Joe y de todos los perros husky acorralados, gruñendo y erizado, cortando los dientes en una sucesión continua y rápida de chasquidos.

Buck no atacó, sino que lo rodeó y lo rodeó con avances amistosos. El lobo sospechaba y tenía miedo; porque Buck pesaba tres, mientras que su cabeza apenas llegaba al hombro de Buck. Viendo su oportunidad, se alejó corriendo y se reanudó la persecución. Una y otra vez se veía acorralado, y la cosa se repetía, aunque estuviera en malas condiciones, o Buck no habría podido alcanzarlo tan fácilmente. Corría hasta que la cabeza de Buck quedaba a la altura de su flanco, momento en el que se daba la vuelta a raya, sólo para alejarse de nuevo a la primera oportunidad.

Pero al final la pertinacia de Buck fue recompensada; Porque el lobo, al ver que no había intención de hacer daño, finalmente olfateó las narices con él. Luego se hicieron amigos y jugaron de un lado a otro con la forma nerviosa y medio tímida con que las bestias feroces desmienten su fiereza. Al cabo de un rato de esto, el lobo echó a andar con facilidad, de una manera que mostraba claramente que se dirigía a alguna parte. Le dejó claro a Buck que iba a venir, y corrieron uno al lado del otro a través del sombrío crepúsculo, subiendo por el lecho del arroyo, hacia el desfiladero del que brotaba y a través de la sombría divisoria donde nacía.

En la ladera opuesta de la divisoria de aguas descendieron a un terreno llano donde había grandes extensiones de bosque y muchos arroyos, y a través de estas grandes extensiones corrieron sin cesar, hora tras hora, el sol saliendo más alto y el día haciéndose más cálido. Buck estaba tremendamente contento. Supo que por fin estaba respondiendo a la llamada, corriendo al lado de su hermano del bosque hacia el lugar de donde seguramente provenía la llamada. Los viejos recuerdos le venían a la cabeza, y los agitaba como antaño se agitaba con las realidades de las que eran sombras. Había hecho esto antes, en algún lugar de ese otro mundo vagamente recordado, y lo estaba haciendo de nuevo, ahora, corriendo libre al aire libre, con la tierra desempaquetada bajo los pies, el ancho cielo sobre su cabeza.

Se detuvieron junto a un arroyo para beber y, al detenerse, Buck recordó a John Thornton. Se sentó. El lobo echó a andar hacia el lugar de donde seguramente provenía la llamada, luego volvió a él, olfateando narices y haciendo acciones como para animarlo. Pero Buck se dio la vuelta y echó a andar lentamente por el camino de regreso. Durante casi una hora, el hermano salvaje corrió a su lado, gimiendo suavemente. Luego se sentó, apuntó la nariz hacia arriba y aulló. Era un aullido lúgubre, y mientras Buck se mantenía firme en su camino, oyó que se hacía cada vez más débil hasta que se perdió en la distancia.

John Thornton estaba cenando cuando Buck entró corriendo en el campamento y se abalanzó sobre él en un frenesí de afecto, derribándolo, trepando sobre él, lamiéndole la cara, mordiéndole la mano, «haciéndose el tonto general», como lo caracterizó John Thornton, mientras sacudía a Buck de un lado a otro y lo maldecía amorosamente.

Durante dos días y dos noches, Buck nunca abandonó el campamento, nunca perdió de vista a Thornton. Lo seguía en su trabajo, lo vigilaba mientras comía, lo veía dentro de sus mantas por la noche y fuera de ellas por la mañana. Pero después de dos días, la llamada en el bosque comenzó a sonar más imperiosa que nunca. La inquietud de Buck volvió a apoderarse de él, y lo atormentaron los recuerdos del hermano salvaje y de la tierra sonriente más allá de la divisoria y de la carrera paralela a través de las amplias extensiones del bosque. Una vez más se dedicó a vagar por el bosque, pero el hermano salvaje no volvió más; Y aunque escuchó durante largas vigilias, el aullido lúgubre nunca se elevó.

Comenzó a dormir por la noche, alejándose del campamento durante días; Y una vez cruzó la divisoria en la cabecera del arroyo y bajó a la tierra de árboles y arroyos. Allí vagó durante una semana, buscando en vano nuevas señales del hermano salvaje, matando su carne mientras viajaba y viajando con el largo y fácil lope que parece no cansarse nunca. Pescó salmón en un ancho arroyo que desembocaba en algún lugar del mar, y junto a este arroyo mató a un gran oso negro, cegado por los mosquitos mientras pescaba, y que corría por el bosque impotente y terrible. Aun así, fue una lucha dura, y despertó los últimos vestigios latentes de la ferocidad de Buck. Y dos días después, cuando volvió a su presa y encontró a una docena de glotones discutiendo por el botín, los dispersó como paja; y los que huyeron dejaron dos que no quisieron pelear más.

El anhelo de sangre se hizo más fuerte que nunca. Era un asesino, una cosa que se alimentaba, viviendo de las cosas que vivían, sin ayuda, solo, en virtud de su propia fuerza y destreza, sobreviviendo triunfalmente en un entorno hostil donde solo sobrevivían los fuertes. A causa de todo esto, llegó a poseer un gran orgullo de sí mismo, que se comunicaba como un contagio a su ser físico. Se anunciaba en todos sus movimientos, era evidente en el juego de cada músculo, hablaba con señas y tacos en la forma en que se comportaba, y hacía que su glorioso abrigo peludo fuera más glorioso. De no ser por el color marrón extraviado en el hocico y por encima de los ojos, y por la salpicadura de pelo blanco que le caía hasta la mitad del pecho, bien podría haber sido confundido con un lobo gigantesco, más grande que el más grande de la raza. De su padre San Bernardo había heredado el tamaño y el peso, pero fue su madre pastora la que dio forma a ese tamaño y peso. Su hocico era el largo hocico de lobo, excepto que era más grande que el hocico de cualquier lobo; y su cabeza, algo más ancha, era la cabeza de lobo a gran escala.

Su astucia era astucia de lobo y astucia salvaje; su inteligencia, la inteligencia de pastor y la inteligencia de San Bernardo; Y todo esto, más la experiencia adquirida en la más feroz de las escuelas, lo convertía en una criatura tan formidable como cualquiera que vagara por la naturaleza. Un animal carnívoro que vivía con una dieta de carne pura, estaba en plena floración, en la marea alta de su vida, rebosante de vigor y virilidad. Cuando Thornton le pasó una mano acariciadora por la espalda, un chasquido y un crujido siguieron a la mano, y cada pelo descargaba su magnetismo reprimido al contacto. Cada parte, cerebro y cuerpo, tejido nervioso y fibra, estaba afinado con el tono más exquisito; y entre todas las partes había un perfecto equilibrio o ajuste. A las imágenes, los sonidos y los acontecimientos que requerían acción, respondía con la rapidez de un rayo. Con la misma rapidez con la que un perro husky podía saltar para defenderse de un ataque o para atacar, podía saltar el doble de rápido. Vio el movimiento, o escuchó el sonido, y respondió en menos tiempo del que otro perro requería para abarcar la mera visión u oído. Percibió, determinó y respondió en el mismo instante. De hecho, las tres acciones de percibir, determinar y responder eran secuenciales; pero tan infinitesimales eran los intervalos de tiempo entre ellos que parecían simultáneos. Sus músculos estaban sobrecargados de vitalidad y entraban en juego bruscamente, como resortes de acero. La vida fluía a través de él en un torrente espléndido, alegre y desenfrenado, hasta que parecía que lo haría estallar en pedazos en puro éxtasis y se derramaría generosamente sobre el mundo.

"Nunca hubo un perro así", dijo John Thornton un día, mientras los compañeros observaban a Buck salir del campamento.

"Cuando lo hicieron, el molde se rompió", dijo Pete.

"¡Py jingo! Yo mismo lo sé —afirmó Hans—.

Lo vieron marchar fuera del campamento, pero no vieron la transformación instantánea y terrible que tuvo lugar tan pronto como estuvo en el secreto del bosque. Ya no marchaba. De inmediato se convirtió en una cosa salvaje, avanzando lentamente, con patas de gato, como una sombra pasajera que aparecía y desaparecía entre las sombras. Sabía aprovechar cada cobertura, arrastrarse sobre su vientre como una serpiente, y como una serpiente saltar y golpear. Podía sacar una perdiz nival de su nido, matar a un conejo mientras dormía y disparar en el aire a las pequeñas ardillas listadas que huían un segundo demasiado tarde hacia los árboles. Los peces, en los estanques abiertos, no eran demasiado rápidos para él; Tampoco los castores, que reparaban sus presas, eran demasiado cautelosos. Mataba para comer, no por desenfreno; Pero prefirió comer lo que él mismo mató. De modo que un humor acechante recorría sus actos, y era su deleite robar a las ardillas y, cuando casi las tenía, dejarlas ir, parloteando con miedo mortal a las copas de los árboles.

A medida que llegaba el otoño del año, los alces aparecían en mayor abundancia, desplazándose lentamente hacia abajo para enfrentar el invierno en los valles más bajos y menos rigurosos. Buck ya había arrastrado a un ternero perdido a medio crecer; Pero deseaba fervientemente tener una presa más grande y formidable, y la encontró un día en la divisoria en la cabecera del arroyo. Un grupo de veinte alces había cruzado desde la tierra de arroyos y bosques, y el principal de ellos era un gran toro. Estaba de un temperamento salvaje y, de pie a más de seis pies del suelo, era un antagonista tan formidable como incluso Buck podía desear. De un lado a otro, el toro agitaba sus grandes astas palmeadas, ramificándose a catorce puntas y abrazando siete pies dentro de las puntas. Sus pequeños ojos ardían con una luz viciosa y amarga, mientras rugía de furia al ver a Buck.

Del costado del toro, justo delante del flanco, sobresalía un extremo de flecha emplumado, que explicaba su salvajismo. Guiado por ese instinto que venía de los viejos días de caza del mundo primordial, Buck procedió a cortar al toro de la manada. No fue una tarea fácil. Ladraba y bailaba delante del toro, fuera del alcance de las grandes astas y de los terribles cascos abiertos que podrían haberle matado la vida de un solo golpe. Incapaz de dar la espalda al peligro de los colmillos y seguir adelante, el toro se sumía en paroxismos de rabia. En esos momentos, cargó contra Buck, quien se retiró astutamente, atrayéndolo con una incapacidad simulada para escapar. Pero cuando se separaba de sus compañeros, dos o tres de los toros más jóvenes cargaban contra Buck y permitían que el toro herido volviera a unirse a la manada.

Hay una paciencia de lo salvaje —obstinada, incansable, persistente como la vida misma— que mantiene inmóvil durante horas interminables a la araña en su tela, a la serpiente en sus espirales, a la pantera en su emboscada; Esta paciencia pertenece peculiarmente a la vida cuando caza su alimento vivo; y pertenecía a Buck mientras se aferraba al flanco de la manada, retrasando su marcha, irritando a los toros jóvenes, preocupando a las vacas con sus terneros a medio crecer y enloqueciendo al toro herido con una rabia impotente. Durante medio día esto continuó. Buck se multiplicó, atacando por todos lados, envolviendo a la manada en un torbellino de amenaza, cortando a su víctima tan rápido como pudo reunirse con sus parejas, agotando la paciencia de las criaturas depredadas, que es una paciencia menor que la de las criaturas que depredan.

A medida que avanzaba el día y el sol se hundía en su lecho en el noroeste (la oscuridad había regresado y las noches de otoño duraban seis horas), los toros jóvenes volvían sobre sus pasos cada vez más a regañadientes para ayudar a su asediado líder. El invierno que se avecinaba los estaba acosando hacia los niveles inferiores, y parecía que nunca podrían deshacerse de esta criatura incansable que los detenía. Además, no era la vida de la manada, ni la de los novillos, la que estaba amenazada. Se exigía la vida de un solo miembro, que era un interés más remoto que sus vidas, y al final se contentaron con pagar el peaje.

Al caer el crepúsculo, el viejo toro se quedó con la cabeza gacha, observando a sus compañeros —las vacas que había conocido, los terneros que había engendrado, los toros que había dominado— mientras avanzaban a paso rápido a través de la luz que se desvanecía. No pudo seguirlo, porque ante sus narices saltó el terror despiadado y lleno de colmillos que no lo dejaba ir. Pesaba tresquintales, más de media tonelada; Había vivido una vida larga y fuerte, llena de luchas y luchas, y al final se enfrentó a la muerte ante los dientes de una criatura cuya cabeza no llegaba más allá de sus grandes rodillas con nudillos.

A partir de entonces, día y noche, Buck nunca abandonó a su presa, nunca le dio un momento de descanso, nunca le permitió ramonear las hojas de los árboles o los brotes de abedules y sauces jóvenes. Tampoco le dio al toro herido la oportunidad de saciar su ardiente sed en los delgados arroyos que cruzaban. A menudo, en su desesperación, estallaba en largos tramos de huida. En esos momentos, Buck no intentaba detenerlo, sino que le pisaba los talones con facilidad, satisfecho con la forma en que se jugaba el juego, acostándose cuando el alce se detenía, atacándolo ferozmente cuando se esforzaba por comer o beber.

La gran cabeza se inclinaba cada vez más bajo su árbol de cuernos, y el trote tambaleante se debilitaba cada vez más. Solía estar de pie durante largos períodos, con la nariz pegada al suelo y las orejas abatidas caídas; y Buck encontró más tiempo para conseguir agua para sí mismo y para descansar. En esos momentos, jadeando con la lengua roja y con los ojos fijos en el gran toro, a Buck le pareció que se avecinaba un cambio en la faz de las cosas. Podía sentir una nueva agitación en la tierra. A medida que los alces entraban en la tierra, otros tipos de vida entraban. El bosque, el arroyo y el aire parecían palpitantes con su presencia. La noticia le fue transmitida, no por la vista, ni por el oído, ni por el olfato, sino por algún otro sentido más sutil. No oyó nada, no vio nada, pero sabía que la tierra era de alguna manera diferente; que a través de ella estaban sucediendo y moviéndose cosas extrañas; Y resolvió investigar después de haber terminado el negocio que tenía entre manos.

Por fin, al final del cuarto día, derribó al gran alce. Durante un día y una noche permaneció junto a la presa, comiendo y durmiendo, dando vueltas y vueltas. Luego, descansado, refrescado y fuerte, volvió la cara hacia el campamento y hacia John Thornton. Irrumpió en la larga y fácil pista, y siguió adelante, hora tras hora, sin perder nunca por el enmarañado camino, dirigiéndose directamente a casa a través de un país extraño con una certeza de dirección que avergonzó al hombre y a su aguja magnética.

A medida que se aferraba, se volvía más y más consciente de la nueva agitación en la tierra. Había en ella una vida exterior diferente de la vida que había estado allí durante todo el verano. Este hecho ya no se le presentaba de una manera sutil y misteriosa. Los pájaros hablaban de ella, las ardillas parloteaban sobre ella, la misma brisa susurraba de ella. Varias veces se detuvo y aspiró el aire fresco de la mañana a grandes zancadas, leyendo un mensaje que le hizo saltar con mayor rapidez. Estaba oprimido con la sensación de que estaba ocurriendo una calamidad, si es que no era una calamidad que ya había sucedido; Y al cruzar la última divisoria de aguas y descender en el valle hacia el campamento, procedió con mayor precaución.

A tres millas de distancia se encontró con un nuevo sendero que hizo que el vello de su cuello se ondulara y se erizara, y conducía directamente hacia el campamento y John Thornton. Buck se apresuró a avanzar, rápida y sigilosamente, con todos los nervios tensos y tensos, atento a la multitud de detalles que contaban una historia, casi hasta el final. Su nariz le daba una descripción variada del paso de la vida en la que viajaba. Observó el silencio embarazado del bosque. La vida de los pájaros había revoloteado. Las ardillas estaban escondidas. Sólo vio a uno: un tipo gris y liso, aplastado contra una rama muerta y gris, de modo que parecía parte de ella, una excrecencia leñosa sobre el bosque mismo.

Mientras Buck se deslizaba con la oscuridad de una sombra que se deslizaba, su nariz se inclinó repentinamente hacia un lado, como si una fuerza positiva la hubiera agarrado y tirado de ella. Siguió el nuevo aroma hasta un matorral y encontró a Nig. Estaba tendido de lado, muerto donde se había arrastrado, con una flecha sobresaliendo, cabeza y plumas, a ambos lados de su cuerpo.

Cien metros más adelante, Buck se encontró con uno de los perros de trineo que Thornton había comprado en Dawson. El perro se revolcaba en una lucha a muerte, directamente en el sendero, y Buck pasaba a su alrededor sin detenerse. Desde el campamento llegaba el débil sonido de muchas voces, que subían y bajaban en un canto cantarín. Empujándose hacia el borde del claro, encontró a Hans, tendido boca abajo, emplumado de flechas como un puercoespín. En el mismo instante, Buck se asomó al lugar donde había estado la cabaña de ramas de abeto y vio lo que hacía que su cabello le subiera al cuello y los hombros. Una ráfaga de rabia abrumadora lo recorrió. No sabía que gruñía, pero gruñó en voz alta con una ferocidad terrible. Por última vez en su vida permitió que la pasión usurpara la astucia y la razón, y fue debido a su gran amor por John Thornton que perdió la cabeza.

Los Yeehats estaban bailando alrededor de los escombros de la cabaña de ramas de abeto cuando oyeron un rugido espantoso y vieron precipitarse sobre ellos un animal como nunca antes habían visto. Era Buck, un huracán vivo de furia, lanzándose sobre ellos en un frenesí de destrucción. Se abalanzó sobre el hombre más adelantado (era el jefe de los Yeehats), desgarrándole la garganta hasta que la yugular desgarrada brotó un manantial de sangre. No se detuvo para preocupar a la víctima, sino que arrancó al pasar, y el siguiente salto desgarró la garganta de un segundo hombre. No había quien se le resistiera. Se lanzó en medio de ellos, desgarrando, desgarrando, destruyendo, con un movimiento constante y terrible que desafiaba las flechas que descargaban contra él. De hecho, tan inconcebiblemente rápidos eran sus movimientos, y tan enredados estaban los indios, que se disparaban unos a otros con las flechas; y un joven cazador, lanzando una lanza a Buck en el aire, la clavó en el pecho de otro cazador con tal fuerza que la punta rompió la piel de la espalda y sobresalió más allá. Entonces el pánico se apoderó de los Yeehats, y huyeron aterrorizados a los bosques, proclamando mientras huían el advenimiento del Espíritu Maligno.

Y en verdad, Buck era el Demonio encarnado, que les pisaba los talones y los arrastraba como ciervos mientras corrían por los árboles. Fue un día fatídico para los Yeehats. Se dispersaron a lo largo y ancho del país, y no fue hasta una semana después que los últimos supervivientes se reunieron en un valle más bajo y contaron sus pérdidas. En cuanto a Buck, cansado de la persecución, regresó al campamento desolado. Encontró a Pete donde lo habían matado en sus mantas en el primer momento de sorpresa. La lucha desesperada de Thornton estaba recién escrita en la tierra, y Buck olfateó cada detalle de ella hasta el borde de un estanque profundo. Al filo, con la cabeza y las patas delanteras en el agua, yacía Skeet, fiel hasta el final. El estanque mismo, fangoso y descolorido por las esclusas, ocultaba eficazmente lo que contenía, y contenía a John Thornton; porque Buck siguió su rastro hasta el agua, de la que no se alejaba ningún rastro.

Buck se pasaba el día meditando junto al estanque o vagando inquieto por el campamento. La muerte, como un cese del movimiento, como un desvanecimiento y alejamiento de la vida de los vivos, él lo sabía, y sabía que John Thornton estaba muerto. Dejó un gran vacío en él, algo parecido al hambre, pero un vacío que dolía y dolía, y que la comida no podía llenar. A veces, cuando se detenía a contemplar los cadáveres de los Yeehats, olvidaba el dolor; Y en esos momentos se daba cuenta de un gran orgullo de sí mismo, un orgullo más grande que cualquiera que hubiera experimentado hasta entonces. Había matado al hombre, el juego más noble de todos, y había matado a pesar de la ley del garrote y el colmillo. Olfateó los cuerpos con curiosidad. Habían muerto tan fácilmente. Era más difícil matar a un perro husky que a ellos. No eran rivales en absoluto, si no fuera por sus flechas, lanzas y garrotes. A partir de entonces, no les tendría miedo, excepto cuando llevaran en sus manos sus flechas, lanzas y garrotes.

Llegó la noche y una luna llena se elevó por encima de los árboles hacia el cielo, iluminando la tierra hasta que quedó bañada por un día fantasmal. Y con la llegada de la noche, meditabundo y lamentándose junto al estanque, Buck cobró vida con la agitación de la nueva vida en el bosque, distinta de la que los Yeehats habían creado, se puso de pie, escuchando y olfateando. A lo lejos se oyó un aullido débil y agudo, seguido de un coro de aullidos agudos similares. A medida que pasaban los momentos, los gritos se hacían más cercanos y fuertes. Una vez más, Buck las conocía como cosas oídas en ese otro mundo que persistía en su memoria. Caminó hasta el centro del espacio abierto y escuchó. Era la llamada, la llamada de muchas notas, que sonaba más atractiva y convincente que nunca. Y como nunca antes, estaba dispuesto a obedecer. John Thornton había muerto. Se rompió el último empate. El hombre y las exigencias del hombre ya no lo ataban.

Cazando su carne viva, como los Yeehats la cazaban, en los flancos de los alces migratorios, la manada de lobos había cruzado por fin la tierra de los arroyos y la madera e invadido el valle de Buck. En el claro donde fluía la luz de la luna, se derramaron en un torrente plateado; y en el centro del claro estaba Buck, inmóvil como una estatua, esperando su llegada. Estaban asombrados, tan quieto y grande se quedó, y se detuvo un momento, hasta que el más audaz saltó directamente hacia él. Como un relámpago, Buck golpeó, rompiéndole el cuello. Entonces se quedó de pie, sin moverse, como antes, con el lobo herido rodando en agonía detrás de él. Otros tres lo intentaron en brusca sucesión; Y uno tras otro se retiraron, chorreando sangre de sus gargantas o hombros cortados.

Esto fue suficiente para lanzar a toda la manada hacia adelante, apiñada, bloqueada y confundida por su afán de derribar a la presa. La maravillosa rapidez y agilidad de Buck le fueron de gran ayuda. Girando sobre sus patas traseras, y chasqueando y cortando, estaba en todas partes a la vez, presentando un frente que aparentemente no se había roto tan rápidamente que giraba y se protegía de un lado a otro. Pero para evitar que se pusieran detrás de él, se vio obligado a retroceder, pasar el estanque y entrar en el lecho del arroyo, hasta que se topó con un alto banco de grava. Avanzó en ángulo recto en la orilla que los hombres habían hecho en el curso de la minería, y en este ángulo llegó a la bahía, protegido por tres lados y sin nada que hacer más que mirar hacia el frente.

Y lo afrontó tan bien, que al cabo de media hora los lobos se retiraron desconcertados. Las lenguas de todos estaban afuera y colgando, los colmillos blancos se mostraban cruelmente blancos a la luz de la luna. Algunos estaban acostados con la cabeza levantada y las orejas inclinadas hacia adelante; otros se pusieron de pie, mirándole; y otros lamían el agua de la piscina. Un lobo, largo, delgado y gris, avanzó cautelosamente, de manera amistosa, y Buck reconoció al hermano salvaje con el que había corrido durante una noche y un día. Lloriqueaba en voz baja y, mientras Buck lloriqueaba, se tocaban las narices.

Entonces se acercó un viejo lobo, demacrado y con cicatrices de batalla. Buck retorció los labios en el preliminar de un gruñido, pero olfateó las narices con él, tras lo cual el viejo lobo se sentó, apuntó con la nariz a la luna y lanzó el largo aullido de lobo. Los demás se sentaron y aullaron. Y entonces la llamada llegó a Buck con un acento inconfundible. Él también se sentó y aulló. Hecho esto, salió de su ángulo y la manada se agolpó a su alrededor, olfateando de manera medio amistosa, mitad salvaje. Los líderes levantaron el aullido de la manada y se adentraron en el bosque. Los lobos se abalanzaron por detrás, aullando a coro. Y Buck corrió con ellos, al lado del hermano salvaje, aullando mientras corría.

Y aquí puede terminar la historia de Buck. No fueron muchos los años en que los Yeehats notaron un cambio en la raza de los lobos madereros; porque algunos se veían con salpicaduras de color marrón en la cabeza y el hocico, y con una grieta blanca en el pecho. Pero más notable que esto, los Yeehats hablan de un Perro Fantasma que corre a la cabeza de la manada. Le tienen miedo a este Perro Fantasma, porque tiene una astucia mayor que ellos, robando de sus campamentos en inviernos feroces, robando sus trampas, matando a sus perros y desafiando a sus cazadores más valientes.

No, la historia empeora. Hay cazadores que no regresan al campamento, y ha habido cazadores a quienes los miembros de su tribu han encontrado con las gargantas cortadas cruelmente y con huellas de lobo en la nieve más grandes que las huellas de cualquier lobo. Cada otoño, cuando los Yeehats siguen el movimiento del alce, hay un cierto valle en el que nunca entran. Y hay mujeres que se entristecen cuando se corre la voz sobre el fuego de cómo el Espíritu Maligno vino a seleccionar ese valle como lugar de morada.

Sin embargo, en los veranos hay un visitante en ese valle, del cual los Yeehats no saben. Es un lobo grande, gloriosamente pelado, como, y sin embargo, diferente a todos los demás lobos. Cruza solo desde la sonriente tierra maderera y desciende a un espacio abierto entre los árboles. Aquí, un arroyo amarillo fluye de sacos de piel de alce podrida y se hunde en el suelo, con hierbas largas que crecen a través de él y moho vegetal que lo invade y oculta su amarillo del sol; Y aquí medita durante un tiempo, aullando una vez, larga y tristemente, antes de partir.

Pero no siempre está solo. Cuando llegan las largas noches de invierno y los lobos siguen su carne hacia los valles más bajos, se le puede ver corriendo a la cabeza de la manada a través de la pálida luz de la luna o del reluciente borealis, saltando gigantesco por encima de sus semejantes, con su gran garganta bramando mientras canta una canción del mundo más joven, que es la canción de la manada.

9 789361 908095

Printed at Repro India Ltd.